JN078189

苦手な人ほど効果テキメン!

公務員試験
速攻の自然科学

資格試験研究会編
実務教育出版

苦手な人のための「自然科学」対策!

　この本は，自然科学（数学，物理，化学，生物，地学）を苦手にしている受験者のために作ったものです。

　ただし，「自然科学を得意科目にする」「自然科学で満点を取る」ということをめざす本ではありません。この本がめざすのは「易しい問題を見逃さず得点に結びつける」ということです。これならば苦手な人でも挫折せずに到達できる目標です。

　初めに，苦手な人が自然科学にどう取り組むべきかを確認しておこう。

✿ 自然科学を「捨て科目」にする受験生は多い

　例年，公務員試験情報誌『受験ジャーナル』が行っているアンケートでは，各科目について「得意」「不得意」「未着手」のどれに該当するかを尋ねています。このアンケートの4年分，約3400人の回答をまとめたところ（下図参照），他の科目に比べて，自然科学が「得意」と答えた人は少なく，「未着手」と答えた人が多くなっています。

　特に注目されるのが「未着手」の多さ。経済や数的推理のように「不得意」の数が多い科目は自然科学以外にも存在します。しかし，「未着手」については自然科学の多さが目立つのです。つまり，**自然科学を「捨て科目」にし**

合格者・不合格者の得意・不得意

凡例： ■ 得意　■ 不得意　■ 未着手

合格者

科目	得意	不得意	未着手
数学	37.0	19.3	25.2
物理	19.0	20.6	49.6
化学	23.4	21.6	39.9
生物	43.4	16.2	18.0
地学	26.9	15.5	31.0
政治	50.4	17.6	5.3
経済	36.0	31.6	7.8
社会	43.5	16.7	8.5
日本史	36.8	23.6	17.9
世界史	23.6	31.5	25.5
地理	29.1	22.1	18.9
文章理解	65.8	13.1	4.1
判断推理	55.3	24.5	1.5
数的推理	44.9	35.2	1.8
資料解釈	34.9	32.7	8.8

不合格者

科目	得意	不得意	未着手
数学	26.5	27.9	25.6
物理	11.1	26.4	52.0
化学	15.9	27.1	42.5
生物	32.0	19.9	22.7
地学	19.4	19.5	34.2
政治	40.7	27.3	5.7
経済	24.1	49.5	9.3
社会	37.6	24.9	9.0
日本史	33.5	28.4	14.5
世界史	19.7	34.7	20.1
地理	26.8	22.4	18.2
文章理解	61.4	17.1	4.3
判断推理	44.8	33.7	2.3
数的推理	32.0	48.8	2.2
資料解釈	26.6	38.8	11.1

ている人が多いということです。

　いずれかの試験に合格した「合格者」と，どの試験にも合格できなかった「不合格者」とを比較すると，「得意」「未着手」は合格者のほうが多く，「不得意」は不合格者のほうが多くなっています。

　ただ，合格者と不合格者のパーセンテージの差は極端に開いているわけではないので，「自然科学が苦手でも合格できる」とも取れますし，「自然科学が得意なら合格に近づく」とも取ることができます。

✪「捨て科目」にするのは不利

　自然科学を「捨て科目」にする受験者が多いのは事実ですし，それでも合格が不可能になるわけではありませんが，やはり不利ですし，何よりも「もったいない」。

　不利になるというのは，合格ラインから逆算するとよくわかります。

　公務員試験の合格最低ラインは，だいたい6～7割といわれます。逆にいえば，3～4割は誤答であっても合格できます。さらに，選択解答制が導入されている試験では，自然科学の問題を解答数に含めないこともできます。

　7割の正答率をめざすとして，自然科学をすべて捨てた場合に，他の科目で正答すべき題数は，

国家総合職（大卒）・一般職［大卒］	37問中28問
国家一般職［高卒］	35問中28問
地方上級（全国型）	43問中35問　※選択解答制のない自治体
地方初級（道府県など）	43問中35問
地方初級（東京都）	41問中32問
大卒警察官（道府県5月）	43問中35問
大卒警察官（警視庁）	46問中35問
高卒警察官	42問中35問

となります。したがって，間違ってもよい題数は7～11問程度です。

　教養試験は時間との戦いです。大半の受験者が「時間が足りなかった」という感想を持ちます。その中で上記のような正答数を確保するのは大変なことです。解答に時間のかかる文章理解（特に英語）や資料解釈で多くのミスを犯せば，あっという間に不合格。社会科学や人文科学で準備していなかったマイナーなテーマから出題されることもあるでしょうから，判断推理や数的推理の失点は許されないと考えるべきです。

　こう考えてみると，**自然科学をまったくの「捨て科目」にしてしまうのは，**

リスキーで不利な選択だとわかります。

✿「捨て科目」にするのはもったいない

　文系出身者や，高校で数学や理科をあまり勉強しなかった受験者にとっ
て，自然科学は難しく感じられます。確かに，一から勉強して得点できるレ
ベルに到達するのは大変なテーマもあります。しかし，それがすべてではあ
りません。**意外とカンタンに得点源になるテーマもある**というのに，捨てて
しまうのはもったいないことです。

　自然科学の全分野を理解するといった学習方法では難しく感じるし，挫折
してしまいますが，「このテーマが出れば１点拾える」テーマに絞り込んで
学習するのであれば，得点力を増強することにつながります。

✿ 苦手だからこその旨味

　学習効率という点では，もともと苦手にしているからこそ，自然科学を学
習するメリットも大きい。

　たとえば，判断推理ですでに８割の問題に正答できる受験者が，さらに正
答率を高めるためには相当の学習が必要です。難易度の高い問題や，出題頻
度の低い問題への対応が必要だから。

　それに比べると，もともと０点だったのを１点に，１点を２点に得点力を
伸ばすのは容易です。ある程度の出題頻度があり，苦手な人でも取り組みや
すいテーマを選んで学習すれば達成できるのです。「０点でもしかたない」
とあきらめかけていた科目で，**１点でも取れれば儲けモノ**と考えることだっ
てできます。

　また，多くの受験生が自然科学に苦手意識を持っているということは，こ
こで得点できれば**他の受験生に「差をつける」**ことになるわけです。判断推
理のように正答しても「差をつけられない」だけの問題に比べて，合格へ
グッと近づくことになります。

✿ 本書の構成と使い方

　まず巻頭で「旬の話題に要注意！」を特集します。

　高校までの教科書の内容と思われがちな自然科学でも，時事的な話題が出
題に反映されることがあります。こういった時事的な内容は，計算問題や化
学式にアレルギーのある人でも抵抗がないでしょう。また，「社会」「時事」
などでも出題が予想されるだけに，押さえておけば一石二鳥で役に立ちま

す。

　そして，「**得点しやすいテーマ　ベスト10**」で，苦手な人でも得点できるテーマを取り上げます。

　このままでは自然科学0点という人が1点でも2点でも得点を伸ばせるように，易しく，出題の多いテーマに絞って「ベスト10＋1」のテーマを選んでいます。

　「ココがポイント」に問題を解くための要点をまとめ，「過去問にチャレンジ―基本レベル」で初級（高卒程度）試験の過去問とその解説，「過去問にチャレンジ―応用レベル」で上級（大卒程度）試験の過去問とその解説を載せています。

　「必要な知識をまとめて→問題に挑む」というプロセスがうまくいかない場合には，「実戦問題」を先行して解くという順番でもかまいません。また，自然科学では，上級と初級とで極端に難易度に差があるわけではないので，「実戦問題」は基礎も応用もすべての問題を活用するようにしてください。

　冒頭で述べたように，本書の狙いは「**自然科学を苦手にする人が，易しいテーマだけでも学習して，1点でも2点でも得点できるようになる**」というものです。したがって，本書では自然科学の出題テーマを網羅しているわけではありません。

　本書をマスターして「食わず嫌いで自然科学を捨てていたけど，思ったより得点できる」とか「8割以上の正答率をめざす」という人は，『新スーパー過去問ゼミ7　自然科学』『大卒程度警察官・消防官　新スーパー過去問ゼミ　自然科学〔改訂第3版〕』『新・初級スーパー過去問ゼミ　自然科学〔改訂版〕』などで問題演習を重ねてください。

得点しやすいテーマ

ベスト10発表！

よく出る度（上級）★★★ よく出る度（初級）★★★ カンタン度　　　★★★★★	ヒトの細胞（細胞小器官・DNA・RNA）は生物の中でも基礎になるテーマで，中学校で学習した内容も出題される。これを押さえておけば得点が伸びる。
よく出る度（上級）★★★★ よく出る度（初級）★★★★ カンタン度　　　★★★★	生物の最頻出テーマ。苦手な人でも取り組みやすいテーマなので必ず学習し，グラフを用いた問題も含めて，得点源にしたい。
よく出る度（上級）★★★ よく出る度（初級）★★ カンタン度　　　★★★★	火成岩・堆積岩・変成岩の3つの岩石と，それを作っている造岩鉱物，火山まで，ポイントを押さえて覚えれば得点源にできるテーマである。
よく出る度（上級）★★★★ よく出る度（初級）★★★ カンタン度　　　★★★★	植物のホルモンとヒトの恒常性にかかわる数種のホルモンについて，名称，その作用等を正確に覚えておけば正誤問題で得点できる。
よく出る度（上級）★★★ よく出る度（初級）★★★ カンタン度　　　★★★★★	地球内部の層構造，プレートの動き，地震，大気圏の構造といった内容である。いずれも，必要な知識を覚えれば正答するのは容易である。
よく出る度（上級）★★★ よく出る度（初級）★★★ カンタン度　　　★★	化学が苦手な受験生，高校から化学を選択していない受験生でも覚えれば簡単に得点できるので，「物質の性質」を取り上げる。
よく出る度（上級）★★★★★ よく出る度（初級）★★★★★★ カンタン度　　　★★★	苦手な受験生が敬遠することが多いが，中学レベルの解法でシンプルに答えを出せる問題も非常に多いので，あきらめるのは実にもったいない。
よく出る度（上級）★★★ よく出る度（初級）★★★★ カンタン度　　　★★★★	ヒトの消化と吸収・感覚器官など，学習しやすいテーマである。学習すれば，ただちに得点源となるだけに，失点しないよう把握したい。
よく出る度（上級）★★★★ よく出る度（初級）★★★★ カンタン度　　　★★★	メンデルの法則をはじめ，いろいろな様式の遺伝の問題は比較的よくでている。基本事項をしっかり押さえさえすれば簡単に得点できる分野である。
よく出る度（上級）★★★ よく出る度（初級）★★★ カンタン度　　　★★	数学の問題であっても，公務員試験では選択肢が与えられているので，数的推理の考えを使って最短にかつ簡単に考えるのがコツである。

CONTENTS

巻頭特集

時事でも出る！自然科学のトピック　11

得点しやすいテーマ 第1位

細胞の構造と働き　21

得点しやすいテーマ 第2位

光合成・呼吸　35

CONTENTS

巻頭特集

時事でも出る！
自然科学のトピック

　ニュースで話題になるような内容が自然科学で出題されることがあります。

　環境問題，新エネルギー，感染症，バイオテクノロジー，宇宙開発，地震や気象による自然災害などです。

　これらは時事的な知識で選択肢の正誤が判断できる場合もあるので，計算問題や化学式にアレルギーのある人でも解答しやすいものです。

　また，「社会」「時事」といった科目でも出題が予想されるだけに，一石二鳥で役に立ちます。用語の定義や現状を押さえておきましょう。

近年の日本で起きた自然災害

日本で震度7を観測した地震

発生日	災害名	マグニチュード	最大震度
平成7年1月17日	阪神・淡路大震災	7.3	7
平成16年10月23日	平成16年新潟県中越地震	6.8	7
平成23年3月11日	東日本大震災	9.0	7
平成28年4月14・16日	平成28年熊本地震	7.3	7（2回）
平成30年9月6日	平成30年北海道胆振東部地震	6.7	7
令和6年1月1日	令和6年能登半島地震	7.6	7

過去5年間（平成30年～令和4年）の激甚災害

災害名	概要
平成30年7月豪雨	河川の氾濫，浸水害，土砂災害等が発生し，死者，行方不明者が多数となる甚大な災害となり，ライフラインにも被害が発生した
平成30年台風第21号	激しい雨風で過去の最高潮位を超えた地域もあった
平成30年台風第24号	非常に強い勢力のまま和歌山県に上陸
令和元年6月下旬からの大雨	宮崎県えびの市えびので総降水量1,089.5ミリに達するなど記録的な大雨となった
梅雨前線に伴う大雨及び令和元年台風第5号	長崎県の五島と対馬では大雨特別警報を発表。24時間で7月の平年の降水量を超える大雨となった地点もあった
令和元年台風第10号	総雨量が800ミリを超えるところもあり，勢力を維持したまま北海道へ接近
令和元年8月の前線に伴う大雨	8月28日の明け方には1時間100ミリ以上の記録的な大雨が相次ぎ，佐賀，福岡県，長崎県に大雨特別警報を発表
令和元年房総半島台風	多くの地点で観測史上1位の最大風速や最大瞬間風速を観測する記録的な暴風となった
令和元年東日本台風	静岡県，新潟県，関東甲信越地方，東北地方を中心に広い範囲で記録的な大雨となった
令和2年7月豪雨	7月3日から14日までの総降水量が年降水量（平年値）の半分を超える地点が発生した。九州地方の複数地点では，48時間降水量がこれまでの観測記録の1.4倍以上を超え，観測記録を更新した
令和3年7月1日からの大雨	7月2日から3日にかけて静岡県で72時間降水量，12日に青森県，三重県，島根県，鳥取県で1時間降水量の観測史上1位の記録を更新

令和3年8月の大雨	土砂崩れ，土石流により人的被害が発生。複数の県で大雨特別警報発表。佐賀県の六角川が令和元年8月に続いて再度氾濫した
福島県沖を震源とする地震	マグニチュード4.7，最大震度6強（令和4年3月16日）
令和4年8月の大雨	東北地方と北陸地方を中心に記録的な大雨。山形県と新潟県に大雨特別警報を発表
令和4年台風第14号	9月19日未明には熊本県，宮崎県で線状降水帯が発生，降り始めからの総雨量は九州や四国地方の複数地点で500ミリを超えるなど9月の平年値の2倍前後を記録した
令和4年台風第15号	台風周辺の発達した雨雲により大雨となり，静岡県や愛知県では線状降水帯が発生し記録的な大雨となった

　令和6年能登半島地震は1月1日に発生したM7.6（最大震度7）の地震から1週間以上経過後も揺れが続き，新潟中越地震や熊本地震などと比較しても地震回数は多い。また，地震に伴う津波も観測された。

　わが国では地震のほかにも，大雨や台風等の気象災害による甚大な人的被害・物的被害がすでに発生しており，今後の災害リスクの高まりに適切に備える必要がある。そのためにも，自然災害とその影響を予測できる科学的知見を蓄えておかねばならない。

予想選択肢

2011年3月11日に日本の三陸沖で発生した地震ははじめ「東北地方太平洋沖地震」と命名されたが，被害が甚大であったために「東日本大震災」と改められた。

　解答：誤り。「東北地方太平洋沖地震」は気象庁による地震に対しての命名である。地震により発生した「災害」については政府が別の名称をつけて呼ぶことがある。これが「東日本大震災」である。他にも気象庁が命名した1995年の「兵庫県南部地震」も政府としては「阪神・淡路大震災」と呼んでいる。

日本の宇宙開発

　公務員試験では，日本の宇宙開発に関する問題が<u>主要な衛星の名称</u>，<u>開発</u>
<u>の目的と役割</u>について定期的に時事問題の正誤問題として出題されており，
自然科学の側面からも押さえておきたい内容である。

　日本の宇宙開発は，1950年代半ば東大生産技術研究所の糸川英夫博士（小
惑星「イトカワ」は糸川博士に由来）が開発したペンシルロケットから始まっ
た。その後，徐々に大型化し人工衛星を打ち上げるレベルに達した頃に，国
も宇宙開発専門の機関を設置した。研究室から始まった**宇宙科学研究所**
（ISAS）と国の機関である**宇宙開発事業団（NASDA）**の二つの宇宙開発機
関が独自にロケットの開発を行ってきた。その後，初めて統一された機関が
現在の**独立行政法人宇宙航空研究開発機構（JAXA）**である。ここでは，話
題の多い2024年に運用を終了の予定である国際宇宙ステーション（ISS）と
小惑星探査機「はやぶさ」をとりあげる。

■国際宇宙ステーション（ISS）

　国際宇宙ステーションISS（International Space Station）は，アメリカ合
衆国，ロシア，日本，カナダおよび欧州宇宙機関（ESA）など現在15か国（中
国・インドは含まれていないので注意！）が参加・協力して運用している宇
宙ステーションである。地球および宇宙の観測，宇宙環境を利用したさまざ
まな研究や実験を行うための巨大な有人施設である。地上約400km上空の
熱圏を，地球1周を約90分で周回している。

　ISSは，1998年11月から軌道上での組立が開始され，2011年7月に完成し
た。全体の大きさはサッカー場の大きさになっている。建設当初は2016年
に運用を終える予定であったが，2030年までの運用延長を発表している。そ
のISSを構成している日本の実験棟が「きぼう」である。また，ISSに必要
な物資を補給しISS内で生じた使用済みの実験装置や衣類品などの廃棄物を
載せISSから離れて大気圏突入して燃え尽きてしまうのがISS補給機「こう
のとり」である。物資の補給は他国も担っているが，他国が打ち上げやドッ
キングに失敗した経験がある中，「こうのとり」は輸送能力が最大で無事故
を誇っており日本の技術力の高さを示している。

■小惑星探査機「はやぶさ」「はやぶさ2」

「はやぶさ」がS型小惑星「イトカワ」を探査したのに対し,「はやぶさ2」はC型小惑星「リュウグウ」を探査の対象としており,特にC型小惑星は炭素を含む物質でできていると考えられる小惑星で有機物を含んでいる可能性がある。地球の近くを周回する小惑星が有機物を含むことが実証されれば,これらが隕石として地球に落ちたことが地球の生命の起源であるという仮説が成り立つことになる。

小惑星探査機「はやぶさ」は小惑星のサンプルを採取して地球に持ち帰るサンプルリターン技術の実証と確立を目的として2003年に打ち上げられた。2005年に小惑星「イトカワ」に着陸,2010年に地球に帰還し運用を終えた。

小惑星探査機「はやぶさ2」は,「はやぶさ」の後継機としてC型小惑星「リュウグウ」のサンプルリターンを行うミッションであり,地球の成り立ちや生命の起源を調査する目的で2014年に打ち上げられた。2019年に2回の着陸に成功し小惑星リュウグウの表面のサンプリングにも成功し2020年12月に帰還した。JAXAのプロジェクトメンバー達が特に大きなトラブルもなく完璧なミッション成功に「100点満点の10000点です！」と言っていたこと,的川泰宣氏（小惑星探査機「はやぶさ」プロジェクトメンバー）が「「はやぶさ」でトップレベルにあった日本の技術は,今回の「はやぶさ2」で小惑星探査では世界のトップになったといえる」の発言は印象的であった。

 予想選択肢

衛星の名称について次の①〜③に問いに答えよ。

① 2016年11月に気象衛星「ひまわり9号」が打ち上げられたが,現在運行されているのは「ひまわり9号」である。

② ISSの補給機「こうのとり」は最後となった「こうのとり9号機」が運用終了となった。

③ ISSの実験棟の「きぼう」はISS補給機の「こうのとり」同様,無人ロケットによって打ち上げられた。

解答：①正しい。2022年に運用衛星は「ひまわり8号」から「ひまわり9号」に交代した。
②正しい。今後,アメリカと協力して「こうのとり」後継機として検討されている。
③誤り。「きぼう」はスペースシャトルによって3回に分けて運ばれた。

VRとAR, AI

■VR（仮想現実）とAR（拡張現実）

　VR（Virtual Reality＝仮想現実）とは，バーチャル（仮想）も含めたあらゆる空間表現を，まるで現実（リアリティ）であるかのように体験するための技術や取組みのことである。現実世界をベースに追加情報を付加するARに対して，VRは，さまざまな形で作り上げられた現実のような世界に，われわれが入っていき，まるで本物の世界のように体験したり行動したりすることができるものをいう。

　VRはテレビゲームを中心としたゲームとの関連で話題になっているが，技術が成熟するにつれ多くの用途が出てきている。たとえば，パイロットは訓練のたびに実機を飛ばすことはできず，シュミレーターで模擬訓練を行っているが，シュミレーターも高価なものであるため代替品としてVRを使うことが増えてきている。外科医のトレーニングでも，生身の体を使うことはできないので，VRソフトを使い，コントローラーをメスに見立てて人体を切開する外科手術などを体験でできるようになってきている。

　AR（Augmented Reality＝拡張現実）とは，現実世界で人がつかめる情報に別の情報を加えて，つまり拡張させて表現する手法のことで，一番ピンとくるのが現実世界にポケモンが登場する「ポケモンGO」であろう。ほかにも，われわれが夜空の星を見てもよくわからない現実世界の情報に星座表のアプリにある位置情報や実際には夜空にはない星座の形の映像を重ねて表示すれば星座がよくわかるようになる。

　また，「ARナビゲーション手術」では，あらかじめCTスキャナで取得した患者の体内の様子を，プロジェクターを使って手術中に患者の体に重ね合わせて表示し，臓器や患部の位置を把握しやすくする。執刀医は手術のプランをより綿密に練ることができ，手術中に誤って血管など切断してしまうようなリスクもかなり低くなる。このように医療分野ではさらなる飛躍を遂げるものと期待されている。

　このようにVRとARは，日々進歩を続けており，視覚情報のみならず，その他の感覚も生かした体験を実現するための研究が進められている。

■AI（人工知能）

　AI（Artificial Intelligenceの略称）は「人工知能」と訳されることが多い。

AIという言葉は，VR，AR，5G（次世代無線通信技術），IoT（あらゆるものにコンピューターが入っていて，それがネットでつながっている状態のこと）などと同次元に思われているが実は次元が違う。

これまでコンピューターは人間の頭脳のうちで論理能力だけを複製し拡大していくものであったが，これからのAIは，ひらめき・意志・戦略的思考まで広がり人間の頭脳のほとんど全部を複製し拡大できるようになるといわれている。これまで，人間が本来持っている膨大な記憶から，その一部を瞬時に取り出し瞬発的に推論できる能力で法則を見つけ出すことのできる一握りの天才と呼ばれる人々が世界の技術を進歩させてきたが，AIは天才が生み出してきたものを，もっと早く，より広範囲にわたってできるようになると考えられている。

AIの技術革新は一気に進んでおり，2022年11月にアメリカのオープンAIが対話型AI「ChatGPT」を公開し，その後対話型AIはアメリカだけでなく，中国などでも開発，公表されている。

生成AIの技術は生産性の向上が見込まれ，革新的であるが，ディープフェイクを生成するリスク，プライバシー侵害，著作権侵害，サイバーセキュリティリスクなど，懸念すべき点もある。

AIの普及によって作業や仕事の効率化が確実となったが，一方で正しい使い方を理解したうえで，人間が活用していく必要がある。

 予想選択肢

AI（人工知能）分野において日本は，ロボット分野と同様に世界をリードしている。

解答：誤り。AI（人工知能）分野の研究で世界をリードしているのはアメリカであるが，中国はもうすぐアメリカに追いつき追い越す勢いであるといわれている。実際に日本はアメリカ・中国に大きく遅れをとっている状態である。その理由としては，AIの学習データとして使うビッグデータを持っていないことが挙げられる。

地球環境問題

■パリ協定

　地球環境問題は公務員試験走番の出題テーマである。地球環境問題のうち，特に出題の多い地球温暖化に注目しよう。COP（コップ）とは「Conference of the Parties＝締結国会議」の略称で気候変動枠組条約締結国会議を指している。

　1997年のCOP3は日本が議長国となり京都で行われ「京都議定書」が採択された。この「京都議定書」は2020年までの温暖化対策を定めたものである。

　話題になったのは，2015年のCOP21で合意された「パリ協定」である。「パリ協定」は2020年以降の温暖化対策を定めたものである。

　パリ協定の発効条件は，

①批准国が55か国以上である。

②批准国が温室効果ガスの世界総排出量の55%以上の排出量を占めている。

　2016年9月に世界の温室効果ガス排出量上位2か国である中国（20.1%）とアメリカ（17.9%）が同時に締結，10月にはEU（12.1%）とインド（4.1%），他7加盟国が締結し，早期に発効要件が満たされ，同年採択から1年を待たずして「パリ協定」が正式発効された。（京都議定書は採択から発効まで7年かかった）。

　日本はTPP協定を優先していたため2016年11月4日のパリ協定発効までに批准することはできなかった（日本は，2016年11月に行われたCOP22の開催中に批准をしている）。

　また，2017年6月1日に，アメリカのトランプ前大統領が地球温暖化対策の国際的な枠組みである「パリ協定」離脱を表明し，2020年11月4日に正式に離脱した。しかしその後の新政権，バイデン大統領がトランプ前大統領の方針を打ち消し，2021年2月に復帰している。

　パリ協定の目標は，「世界的な平均気温上昇を産業革命以前に比べて2℃より十分低く保つとともに1.5℃に抑える努力を追求する」というものである。世界は21世紀後半に温室効果ガスの人為的な排出と森林による吸収を差し引きゼロにする「脱炭素社会」をめざす。日本も2020年11月，菅首相が「温室効果ガス排出量を2050年に実質ゼロにする」新目標を打ち出し，中国の周主席も「2060年までに実質ゼロにする」ことを打ち出した。

■海洋プラスチックごみ問題

　海洋プラスチックごみは，海を汚染するだけでなく生態系にも影響を与えるために，今世界中で注目され問題視されている。公務員試験でも旬な問題での出題が期待される箇所なので押さえておきたい。

　人工的に作られたプラスチックは，小さなプラスチック片になっても消えることはない（自然界で分解されるまでには100年～200年もしくはそれ以上の時間がかかると言われている。川から海に流れたプラスチックは，紫外線による劣化や波の作用によって破砕されて小さなプラスチック片となってマイクロプラスチック（5mm以下からナノサイズになったもの）というさらに細かい粒子になるものもある。これが世界の海を漂って，海洋生物を傷つけるだけでなく環境ホルモンなどの有害物質を海洋生物が取り込んでいる。それらを口にするわれわれの体内にもマイクロプラスチックは取り込まれている可能性がある。取り込まれたマイクロプラスチックは微粒子であるため分解されずに体内に蓄積されると海洋生物にも人体に悪影響を及ぼすことになる。はっきりとした侵入ルートは明らかになっていないが，すでに飲料水・海産物・ほこりなどから人体にも侵入していると言われている。

　このように海に流出してたまり続けるプラスチックごみは，マイクロプラスチックとなって特に海の生物に対しては物理的な影響と化学的な影響を及ぼしているのである。

　海洋プラスチックごみ対策として，すでに流出したプラスチックごみの回収（海洋に流出したプラスチックごみをえさと間違えて海ガメや海鳥が摂取して苦しんだり死んでいる姿をニュースで見ることがある）や3Rを心掛けることである。

　3Rとは「リデュース（Reduce）」「リユース（Reuse）」「リサイクル（Recycle）」のことである。

　具体的には，「リデュース」……マイバッグ，マイ箸，レジ袋や使い捨て食器の削減

　　　　　　　　　「リユース」………詰め替えを利用してボトルを再利用し廃棄ボトルを削減

　　　　　　　　　「リサイクル」……プラスチックごみを分別回収しげんりょうとしての再利用

また，G20大阪サミットにおいて，共通の世界のビジョンとして2050年までに海洋プラスチックごみによる追加的な汚染をゼロにまで削減することをめざす「大阪ブルー・オーシャン・ビジョン」をG20大阪首脳宣言に盛り込んだ。当時の安倍首相は，日本が途上国の廃棄物管理に関する能力構築・インフラの整備を支援するアクション「マリーン・イニシアチブ」を立ち上げると発表した。

　また，2023年4月開催のG7札幌 気候・エネルギー・環境大臣会合，5月開催のG7広島サミットでは，2040年までに追加的なプラスチック汚染をゼロにする野心に合意し，さらに積極的に取り組むこととなっている。

　ただ，海洋プラスチックごみの量に関するデータや推計手法については，国際的な合意が得られておらず，プラスチックごみが及ぼすさまざまな影響については未解明の部分が多く，引き続き科学的な知見の集積が急務とされている。

予想選択肢

既に世界の海に存在している海洋プラスチックごみは合計で 800 万トン（ジャンボジェット機 5 万機相当であるといわれている。

解答：誤り。よく耳にする 800 万トン（ジャンボジェット機 5 万機相当）は年間の海洋プラスチックごみの量である。すでに世界の海に存在しているごみの量は合計 1 億 5000 万トンである。

細胞の構造と働き

出題科目：生物

ヒトの細胞（細胞小器官・DNA・RNA）は生物の中でも基礎になるテーマで，中学校で学習した内容も出題される。これを押さえておけば得点が伸びる。

よく出る度（上級）	★★★
よく出る度（初級）	★★★
カンタン度	★★★★★

第1位 細胞の構造と働き

ココがポイント！

頻出のキーワードおよびその正しい意味を押さえておけば正誤の判断ができる問題が多いので，基本となるキーワードをはじめその働き・場所・数値など正確に覚えておくこと。

 これは覚えよう！

【細胞小器官】

○細胞質では，さまざまな形や機能を持った細胞小器官と呼ばれる物体が細胞質基質という液状成分の中に浮かんでいる。その中心にある最も大きな細胞小器官が核。

○核の中にはDNAなどの核酸があり，二重膜構造をしている。表面には物質が出入りできる核孔という穴が開いている。

○細胞はリン脂質二重膜（外側に親水性のリン酸・内側に疎水性の脂肪酸）でできた細胞膜という柔らかい膜で覆われている。

○核膜の外側が伸びて物質の輸送の通路となったのが一重膜の小胞体で，その表面にはタンパク質合成の場であるダルマ型をしたリボソームが付着している。

○一重膜の扁平な袋が重なった形状のゴルジ体は主にタンパク質の分泌を行っている。

○ミトコンドリアは内膜と外膜からなる二重膜構造をしている。内膜のひだの部分をクリステといい内膜の内側の大きい部分をマトリックス，外膜と内膜の間を膜間スペースという。

　ミトコンドリアは細胞が生きていくのに必要なエネルギーを作り出す重要な細胞小器官。

○球状の一重膜構造のリソソームは細胞内で作られた不要物の消化を行う細胞小器官。

○植物と一部の微生物にしか存在していない二重膜構造細胞小器官がラグビーボール状の葉緑体。中にはのし餅状や団子状に重なった構造を持つチラコイドとそれ以外のストロマがある，光合成の場。

○細胞分裂をするときに両極から紡錘糸を伸ばす細胞分裂の起点となるのが棒状をした中心体である。中心体は動物細胞とシダ・コケのように精子を作る下等植物細胞に見られる。

【DNA と RNA】

○染色体は遺伝子の本体であるDNA（デオキシリボ核酸）のかたまりで，ワトソンとクリックが発見した2本鎖の2重らせん構造をしている。

DNAを構成する基本の骨格は塩基－糖－リン酸でこの骨格をヌクレオチドという。塩基はA＝アデニン，G＝グアニン，C＝シトシン，T＝チミンの4種類で糖はデオキシリボース。またミトコンドリアも葉緑体も（核外）DNAを持っている。

○RNA（リボ核酸）もDNAと同じ塩基－糖－リン酸での骨格を持つヌクレオチドである。RNAの場合塩基がA＝アデニン，G＝グアニン，C＝シトシン，U＝ウラシルの4種類で糖はリボースになる。

またRNAはDNAと違い1本鎖の構造である。RNAはDNAの必要な情報を写し取る伝令RNA，伝令RNAが核外に出てリボソームへ移動し写し取った情報を読み取るのが伝令RNAとは別のもう一つのRNAつまり運搬RNAが働く。

○伝令RNAがDNAの情報を写し取る過程が「転写」。伝令RNAの持つ情報からタンパク質が作られる過程を「翻訳」という。

1 細胞の構造に関する記述として，妥当なのはどれか。

1. 細胞は，細胞膜に包まれて周囲から独立したまとまりをつくり，細胞膜は，物質を細胞内に取り込んだり逆に排出したりして細胞内部の環境を保っている。

2. 動物の細胞では，細胞壁と呼ばれるかたい層があり，細胞壁は，セルロースなどを主成分とした繊維性の物質からできている。

3. ゴルジ体は，粒状又は棒状の形をしており，酸素を消費しながら有機物を分解してエネルギーを取り出す呼吸を行っている。

4. 中心体は，成熟した植物細胞では大きく発達することが多く，液胞膜で包まれ，中は細胞液で満たされている。

5. 細菌やラン藻などの真核生物には，ミトコンドリアや葉緑体のような細胞小器官は存在しない。

(特別区Ⅰ類・23年度)

解説 1．正しい。細胞膜は自在に変形できるリン脂質二重膜の構造で，膜自身が積極的に物質を取り込んだり排出したりする働きがある。

2．動物細胞には細胞壁はないので誤り。植物のもつ細胞壁はセルロースを主成分とする丈夫な膜である。

3．ゴルジ体の形状は粒状又は棒状ではないので誤り。扁平な袋が重なった形が正しい。後半は好気呼吸の場であるミトコンドリアの説明である。

4．中心体を持つのは動物細胞とシダ・コケなどの精子を作る下等植物細胞だけなので誤り。細胞分裂の際，紡錘体の起点となるのが中心体で棒状をしている。発達した植物には中心体がないが紡錘体は形成しているが中心体がない植物がなぜ紡錘体を形成するのかは，はっきりとわかっていない。

5．細菌類やラン藻類（シアノバクテリアともいう）は核膜をもった真核生物ではないので誤り。正しくは原核生物であり，ミトコンドリアや葉緑体のような細胞小器官は持たない。

解答 1

2 DNAに関するＡ～Ｄの記述のうち，妥当なものを選んだ組合せはどれか。

Ａ．翻訳とは，２本のヌクレオチド鎖がそれぞれ鋳型となり，元と同じ新しい２本鎖が２組形成される方法である。

Ｂ．DNAの塩基には，アデニン（Ａ），チミン（Ｔ），グアニン（Ｇ），シトシン（Ｃ）の４種類がある。

Ｃ．核酸には，DNAとRNAがあり，DNAはリン酸，糖，塩基からなるヌクレオチドで構成されている。

Ｄ．転写とは，RNAの塩基配列がDNAの塩基配列に写し取られることである。

1．Ａ，Ｂ
2．Ａ，Ｃ
3．Ａ，Ｄ
4．Ｂ，Ｃ
5．Ｂ，Ｄ

（特別区Ｉ類・29年度）

解説 Ａ．翻訳とは，DNAの遺伝情報を転写した伝令RNAが核孔を出てリボソームで伝令RNAの遺伝情報通りにタンパク質を合成する過程のことなので誤り。２本のヌクレオチド鎖を鋳型として元と同じ２本鎖を２組形成するのは「複製」である。

Ｂ．正しい。DNAは塩基─糖─リン酸でできたヌクレオチドで構成されており，その部品である塩基には，アデニン（Ａ），グアニン（Ｇ），シトシン（Ｃ），チミン（Ｔ）の４種類がある。

Ｃ．正しい。核酸にはDNA（デオキシリボ核酸）とRNA（リボ核酸）の２つがあり，いずれも塩基─糖─リン酸でできたヌクレオチドがつながってできたものである。

Ｄ．転写とは，DNA上の必要な塩基配列がRNAに写し取られる過程のことなので誤り。DNAの塩基配列を写し取ったRNAのことを「伝令RNA」と呼ぶ。

解答 4

3 次のA〜Eの細胞の構造体のうち，原核細胞の持つ構造体を選んだ組合せはどれか。

A．液胞

B．核膜

C．細胞膜

D．ミトコンドリア

E．細胞壁

1．A，C　　2．A，D　　3．B，D

4．B，E　　5．C，E

（特別区Ⅰ類・27年度）

解説 原核細胞とは，DNAが核膜に包まれずむき出しの状態で入っている。原核細胞はリボソーム，細胞質，細胞膜（C），細胞壁（E）は存在するがそれ以外の細胞小器官は持たない。

　なお，原核生物の具体例として大腸菌などの細菌類（バクテリア）やアオコなどのラン藻類（シアノバクテリアともいう）などがある。

解答 5

過去問にチャレンジ 基本レベル

4 DNAに関する記述中の空所A～Dに当てはまる語句の組合せとして，最も妥当なのはどれか。

DNAを構成するヌクレチオドの糖は ___A___ であり，塩基にはアデニン， ___B___ ，グアニン，シトシンの4種類がある。

また，DNAは2本の ___C___ の鎖が平行に並び塩基部分で向かい合わせに結合してはしご状の構造をとっている。さらにこの構造がねじれて ___D___ が提案したDNAの二重らせん構造を形成している。

	A	B	C	D
1.	デオキシリボース	ウラシル	ヌクレチオド	ワトソンとクリック
2.	リボース	ウラシル	ポリペプチド	シャルガフ
3.	デオキシリボース	チミン	ヌクレチオド	ワトソンとクリック
4.	デオキシリボース	チミン	ポリペプチド	シャルガフ
5.	リボース	チミン	ヌクレチオド	ワトソンとクリック

(大卒警察官・30年度／特別区・令和2年度)

解説 DNAを構成するヌクレオチド（塩基－糖－リン酸の骨格）の糖は ^Aデオキシリボースであり，塩基には（アデニン・グアニン・シトシン・^Bチミンの4種類）がある。またDNAは2本の ^Cヌクレオチドの鎖が平行に並び塩基部分で向かい合わせに結合してはしご状の構造をとっている。さらにこの構造がねじれて ^Dワトソンとクリックの2人が提案したDNAの二重らせん構造を形成している。

解答 3

5 植物や動物の細胞内の構造に関する記述として最も妥当なのはどれか。

1. 細胞壁は，植物や動物の細胞組織を保護し，隣接する細胞との結びつきを強くする役割をもっており，タンパク質が主成分である。また，細胞への物質の出入りを調節している。

2. ミトコンドリアは，二重の膜からなり，内膜は多数のひだを形成している。また，酸素を用いて有機物からエネルギーを取り出す好気呼吸の場となっている。

3. 液胞は，植物細胞に特有の構造で，クロロフィルなどの色素を含んでおり，水と二酸化炭素から光エネルギーを用いて有機物の合成が行われている。

4. 核は，1個の細胞に1個あり，染色体と中心体が含まれている。このうち染色体には遺伝子の本体であるDNAと呼ばれるアミノ酸が含まれている。

5. ゴルジ体は，核の近くにある粒状の構造体で，細胞分裂の際に染色体を分裂させる役割を果たしている。また，内部ではタンパク質の合成が行われている。

(国家一般職［大卒］・22年度)

解説　1．細胞壁は植物細胞に特徴的な構造であり動物細胞にはないので誤り。隣接する細胞との結びつきを強くする役割を持っているは正しいがタンパク質が主成分は誤り。主成分は炭水化物であるセルロースが正しい。細胞への物質の出入りを調節しているのは細胞壁の内側にある細胞膜のほうである。

2．正しい。内膜と外膜からなる二重膜構造をとり，ひだ状になっている内膜がクリステ，その内側にはマトリックスがある。酸素を用いて有機物からエネルギー（ATP）を取り出す好気呼吸の場である。

3．液胞は植物で特に発達するが，動物細胞でもまれに見られるので植物特有の構造は誤り。クロロフィルなどの色素を含んでいるのは葉緑体の説明になっているので誤り。正しくは有機酸や無機塩類，アントシアン（赤色の色素）などの色素が含まれている。

4．核は普通1つの細胞に1個存在するが，場所によっては1個とは限らないので誤り。骨格筋を構成する横紋筋などは核が複数ある多核細胞であり，赤血球は核を持たない無核細胞である。DNAは遺伝子の本体であるがアミノ酸ではなく核酸とタンパク質でできているので誤り。

5．ゴルジ体は，粒状の構造体ではなく扁平な袋状構造がいくつも重なっているので誤り。これは分泌作用に関係が深く，消化液を合成分泌する消化腺の細胞や粘液を分泌する細胞，神経細胞などで発達している。核の近くにあって細胞分裂の際に働く棒状の粒子は中心体である。

解答　2

6 細胞小器官に関する記述として最も妥当なのはどれか。

1. 細胞膜は，主にリン脂質とタンパク質から成り，リン脂質の疎水性の部分を外側，親水性の部分を内側にしてできた二重層に，タンパク質がモザイク状に分布した構造をしている。細胞膜を挟んで物質の濃度に差があるときに，濃度の高い側から低い側に物質を透過させる性質を選択的透過性という。

2. 核は，原核細胞に存在し，細胞の形態や機能を決定する働きをしている。核の内部には染色体や1～数個の核小体があり，最外層は核膜と呼ばれる二重の生体膜である。染色体は，主にDNAとタンパク質から成り，細胞が分裂していないときには凝集して棒状になっているが，分裂期には核内に分散する。

3. ミトコンドリアは，内外二重の生体膜でできており，内部に向かって突出している内膜をクリステ，内膜に囲まれた部分をマトリックスという。呼吸の過程は，細胞質基質で行われる解糖系，ミトコンドリアのマトリックスで行われるクエン酸回路，ミトコンドリアの内膜で行われる電子伝達系の3段階に分けられる。

4. 葉緑体は，植物細胞に存在し，内外二重の生体膜で囲まれた内部にチラコイドと呼ばれる扁平な袋状構造を持ち，チラコイドの間をストロマが満たしている。光合成では，葉緑体のストロマで光エネルギーの吸収と二酸化炭素の固定が行われた後，葉緑体のチラコイドで水が分解され，酸素と有機物が生成される。

5. ゴルジ体は，真核細胞と原核細胞の両方に存在し，二重の生体膜から成る管状の構造をしており，細胞分裂の際に細胞の両極に分かれて微小管を形成するほか，べん毛，繊毛を形成する際の起点となる。ゴルジ体は，一般的に植物細胞には見られないが，コケ植物やシダ植物の一部の細胞などで見られる。

（国家専門職［大卒］・30年度）

解説 1．細胞膜は親水性のリン酸を外側に，疎水性の脂肪酸を内側にしたリン脂質二重膜（層）をしているので誤り。細胞膜の持つ選択透過性とは，溶媒以外に必要に応じて特定の物質を細胞内外に出入させる膜の性質のことで低濃度方から高濃度の方へエネルギーを使って透過させる能動輸送を行っている。

2．核は原核細胞ではなく真核細胞にあるので誤り。原核細胞は核膜がないためDNAがむきだし状態にあるため核様体と呼ばれる。核の内部には染色体があり核膜と呼ばれる二重の生体膜というのは正しい。染色体の基本的な構成要素はDNAとヒストンというタンパク質からなっており核分裂時に凝集して太いひも状に見えるのは，分裂していない時ではなく核分裂時であるので誤り。

3．正しい。ミトコンドリアは好気呼吸の場である。細胞質基質ではグルコースをピルビン酸に分解する解糖系，ミトコンドリアのマトリックスでは水素を集める重要な役目を持ったクエン酸回路，ミトコンドリアのクリステでは水素と酸素で水になるときに生じる莫大なエネルギーを利用してATPを生成する電子伝達系の3段階がある。

4．前半の説明は正しいが，光合成はまず葉緑体のストロマではなくチラコイドで光エネルギーを使って水が分解されるので誤りである。このときに生じる水素と，葉から吸収した二酸化炭素によって有機物を合成することである。

5．ゴルジ体は原核細胞には存在しないので誤り。形も扁平な袋状で一重膜構造である。細胞分裂の際に両極に分かれ微小管を形成するのは中心体である。

解答 3

7 RNA（リボ核酸）に関する記述として，妥当なのはどれか。

1. DNA から伝令 RNA への遺伝情報の転写は，DNA 合成酵素の働きにより，DNA の塩基配列を鋳型として行われる。

2. RNA は DNA と異なり，塩基としてチミン（T）をもち，ウラシル（U）をもっていない。

3. 伝令 RNA は，タンパク質と結合して，タンパク質合成の場となるリボソームを構成する。

4. 運搬 RNA には，伝令 RNA のコドンと相補的に結合するアンチコドンと呼ばれる塩基配列がある。

5. 真核生物では，DNA の遺伝情報が伝令 RNA に転写され始めると，転写途中の伝令 RNA にリボソームが付着して翻訳が始まる。

（特別区 I 類・24年度）

解説 1．DNAから遺伝情報を転写する際，二重らせんでねじれているため，これをほどいて転写できるようにする酵素はDNA合成酵素でなくRNA合成酵素であるので誤り。DNA合成酵素は細胞分裂時にDNAの複製などに関与する酵素である。

2．DNAの塩基はA（アデニン）・T（チミン）・G（グアニン・C（シトシン）の4種類であるが，RNAの塩基はA（アデニン）・U（ウラシル）・G（グアニン）・C（シトシン）の4種類である。

3．核孔（核膜表面の穴）から情報を持ち出した伝令RNA（mRNA）はリボソームのところへ行き，伝令RNAの持ってきた情報に合った材料であるアミノ酸を運んでくる働きを持つ分子が運搬RNA（tRNA）で，タンパク質を合成していく。伝令RNAがリボソームを構成するのではないので誤り。リボソームは複数のタンパク質とリボソームRNA（rRNA）が集まったものである。

4．正しい。アミノ酸は3つの塩基配列で作られるので，伝令RNAの持つ3つの塩基をコドンといい，これに相補的に結びつく3つの塩基を持つコドンを運搬RNAが持ってきて結合する仕組みになっている。このときの運搬RNAが持ってきたコドンをアンチコドンと呼ぶ。

5．原核生物についての記述であるので誤り。原核生物は「転写」と「翻訳」を同時進行で行っている。真核生物には核膜があるため，DNAの情報を写し取る「転写」の後，核孔から出てリボソームに行って「翻訳」が始まる。

DNA	（転写）	伝令RNA	（翻訳）	運搬RNA
A	⟶	U	⟶	A
G	⟶	C	⟶	G
C	⟶	G	⟶	C

解答 4

8 次は遺伝子に関する記述であるが，ア，イ，ウに入るものの組合せとして最も妥当なのはどれか。

遺伝子の本体であるDNAは4種類の構成要素からできており，それらが多数つながった長い鎖状になっている。4種類の構成要素は，A（アデニン），　ア　，G（グアニン），C（シトシン）という符号で表される。その要素は互いに　イ　し，ねじれた2本鎖としてつながった二重らせん構造になっている。

ある生物のDNAを解析したところ，A（アデニン）がC（シトシン）の2倍量含まれていることが分かった。このDNA中の推定されるG（グアニン）の割合はおよそ　ウ　％である。

	ア	イ	ウ
1.	T（チミン）	共有結合	33.3
2.	T（チミン）	水素結合	16.7
3.	T（チミン）	水素結合	33.3
4.	U（ウラシル）	共有結合	33.3
5.	U（ウラシル）	水素結合	16.7

（国家一般職［大卒］・23年度）

解説 ア：T（チミン）が入る。DNAの4種類の塩基はA・G・C・Tである。

イ：水素結合が入る。DNAのもつヌクレオチド鎖の塩基どうしは相補的に結合しているが，その結合は互いの塩基が持つH（水素）－O（酸素）間，H（水素）－N（窒素）間，H（水素）－F（フッ素）間に見られる弱い化学結合で結びついている。

ウ：16.7が入る。DNA中でAの量＝Tの量，Gの量＝Cの量の関係が成り立つという「シャルガフの経験則」を用いて次のように解くことができる。A＝T＝2，G＝C＝1とおくとDNA中のGの量は，

$$\frac{G}{A+T+G+C} \times 100 = \frac{1}{2+2+1+1} \times 100 = \frac{100}{6} = 16.6666\cdots\cdots = 16.7\%$$

解答 2

第2位

光合成・呼吸

出題科目：生物

生物の最頻出テーマ。苦手な人でも取り組みやすいテーマなので必ず学習し，グラフを用いた問題も含めて，得点源にしたい。

よく出る度（上級）	★★★★
よく出る度（初級）	★★★★
カンタン度	★★★★

第2位 光合成・呼吸

ココがポイント！

光合成（炭酸同化）などのように無機物から有機物を合成する働きのことを同化作用という。それに対し，呼吸や発酵のように，有機物を分解してエネルギーを作り出す働きを異化作用という。光合成がどのようにして行われているかを発見した科学者とともに覚えること。また呼吸についてもどこでどのようにしてエネルギーを生産しているのか，そのシステムを大まかに把握しておこう。

 これは覚えよう！

【光合成】

○光合成が行われる細胞小器官は葉緑体である。構造は二重膜で包まれ中には大小ののし餅状のチラコイドが入っている。それ以外の部分はストロマである。

○チラコイド膜には数十個のクロロフィル分子が入っており，これが緑色をしている。

○光エネルギーを受け取るのがチラコイドで，道管から運ばれた水を原料として水素を取り出している　水の分解に伴って酸素を生じるが酸素は光合成には必要がないため細胞外に排出される。

○取り出された水素はチラコイド内腔（膜の内部）に蓄えられ水素の濃度が高くなると濃度勾配に従って外に出ようとする。このときATP合成酵素を通り抜けていく。水素が出ていく勢いを利用してATP合成酵素が回転しADPとリン酸からATPを生成する。

○空気中のCO_2から糖などの有機物を合成するところがストロマである。ストロマでは莫大なエネルギーを必要とするが，そこで使われるのがチラコイドで生じた水素とATPである。ストロマで行われる反応回路は発見者にちなんでカルビン・ベンソン回路という。

○日なたに生える植物を陽生植物といい，強光の下で生育した葉は厚く，さく状組織が発達した陽葉になる。一方，陰地で生育できる植物を陰生植物といい，弱光の下で生育した葉は薄く，さく状組織の発達が悪い陰葉になる。

○光合成によるCO_2の吸収量と呼吸による排出量がつりあったとき見かけ上，光合成も呼吸も行っていないように見える。こときの光の強さを補償点という。また，光の強さがある程度以上になると光合成量は一定になる。この状態になり始めの光の強さを光飽和点という。強光の下で育つ植物の方が弱光の下で育つ植物よりも補償点も光飽和点も高い。

○温帯起源の植物はストロマのカルビン・ベンソン回路で最初に作られる化合物が炭素Cを３つ持つ物質であることからC3植物と呼ばれる。なかでもイネとヒマワリは優れた植物の代表例である。熱帯起源の植物はストロマのカルビン・ベンソン回路で最初に作られる化合物が炭素Cを４つ持つ物質であることからC4植物と呼ばれる。このC4植物はCO_2を濃縮してストロマに入れるという高性能の光合成システムを持ち，トウモロコシやサトウキビが代表例である。砂漠植物は夜に気孔を開きCO_2を取り込んでストロマに入れる機能を持ちCAM植物と呼ばれる。パイナップルやサボテンが代表例である。

【呼吸】

○好気呼吸は３つの段階からなっており，最初はブドウ糖（グルコース）がピルビン酸にまで分解される過程で解糖系である。この経路は細胞質基質にある。ここで生成されるATPは２分子である。

○次の段階はピルビン酸がミトコンドリアのマトリックスに入って次々に水素が奪われていき，反応経路は回路を形成しているのでクエン酸回路と呼ばれる。この回路で重要な役割は水素を集めることである。ここで生成されるATPは２分子である。

○前の２つの過程である解糖系やクエン酸回路で生じた水素は酸素と結びつけられて水になり，このときに生じる莫大なエネルギーを利用してATPを生産する過程であり電子伝達系と呼ばれている。ここで生成されるATPは34分子で，この過程はミトコンドリアのクリステで行われる。

1 次の文の空欄A～Cに当てはまる数値の組合せとして妥当なのはどれか。

　下のグラフは，ある陽性植物について25℃の室温のもとで$50cm^2$の葉で1時間に行われる光合成量を，光―光合成曲線の形で示したものである。このグラフによれば，暗室で光合成によるCO_2の吸収が行われていないときの呼吸によるCO_2の排出量は　A　mgである。一方，光が十分に当たっている状態での光合成によるCO_2の吸収量は　B　mgである。また，光合成によるCO_2の吸収量が11mgであるとき，放出されるO_2の量は　C　mgである。ただし，光合成全体の化学反応式は$6CO_2 + 12H_2O \rightarrow C_6H_{12}O_6 + 6H_2O + 6O_2$と表すことができ，$CO_2$の分子量は**44**，$O_2$の分子量は**32**であるとする。

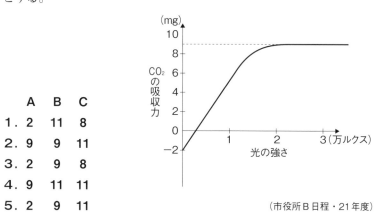

	A	B	C
1.	2	11	8
2.	9	9	11
3.	2	9	8
4.	9	11	11
5.	2	9	11

（市役所B日程・21年度）

解説　縦軸がCO_2吸収力になっているが光合成速度と同意と考えてよい。

　空欄Aについて考えると「暗室で」とあるので光の強さが0の部分（グラフの○印）ではCO_2吸収力が**−2**なので**2mg**の排出になる。

　空欄Bについては光が十分に当たっている状態は横軸を右のように見ていくとグラフが水平になっている部分（グラフの○印）でのCO_2吸収量は光合成量のことなので，グラフの**−2mg**から**9mg**までになる。したがって，

$9mg-(-2mg)=11mg$ である（ここで見かけの光合成量の$9mg$と答えないように注意すること）。

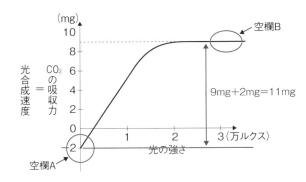

空欄Cについては光合成全体の化学反応式を用いた量的計算から求める。

量的計算の方法は，反応式の係数比＝モル比＝体積比を用いるので，まず化学反応式から該当する物質の係数比を調べる。この場合はCO_2量とO_2量の2つの物質に着目すると，

CO_2の係数：O_2の係数＝6：6＝1：1

である。係数比が1：1ならばモル比も1：1，つまり$CO_2$1モルからO_2が1モル発生する計算になる。

本問では，光合成によるCO_2の吸収量が$11mg$なので，これが何モルになるかを調べる。

反応式の係数比＝モル比なので1：1であり，モル数＝質量÷分子量で求まることから，質量（mg）：分子量の比は二酸化炭素も酸素も一定である。

（CO_2の質量）$11mg$：（CO_2の分子量）44＝（O_2の質量）？mg：（O_2の分子量）32

これより　　1：4＝？：32　　　　　　　？＝$8mg$となる。

※O_2の分子量＝酸素の原子量O(16)×2＝32としている。

解答 1

2 下図は，2種類の植物A，Bについて光ー光合成曲線を示したものである。これに関するア，イ，ウの記述の正誤の組合せとして，妥当なものはどれか。

ア．光の強さが十分なとき，Aの光合成速度は呼吸速度のおよそ3倍である。

イ．林の中では，補償点，光飽和点がともに低いBのほうが有利である。

ウ．光の強さが弱いとき，温度が上昇すると光合成速度は大きくなる。

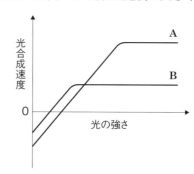

	ア	イ	ウ
1.	正	正	正
2.	正	誤	正
3.	正	正	誤
4.	誤	正	誤
5.	誤	誤	誤

（地方上級・22年度）

解説 ア．正しい。光の強さが十分なときなのでグラフの横軸を右のほうにみていく。Aの場合なのでグラフの光合成速度①と呼吸速度②を比較すると（右図），およそ3倍になっていることが確認できる。

間違いやすいのは光合成速度を見かけの光合成量で見てしまうことなので注意しておこう。

イ．正しい。Aは補償点も光

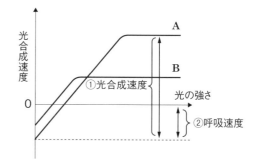

飽和点もBより高く強光のもとで生育した葉は厚くさく状組織が発達した陽葉（陽生植物）のグラフで，Bは弱光のもとで生育した葉は薄くさく状組織の発達が悪い陰葉（陰生植物）のグラフである。林の中では弱光の環境にあるため，Aのように最大光合成量が大きく強光の下で光合成が能率よく行われるようにできている植物では生活しにくいのでBのほうが有利になる。

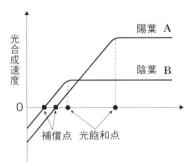

ウ．誤り。光合成速度と温度の関係のグラフは下図③のようになる。

　光の強さが弱いときは温度が上昇しても赤線のようになり温度が限定要因ではないので誤り。この場合の限定要因は強光の場合が「温度」で「弱光」の場合は，光の強さになる。

解答 3

☝️ ココが狙われる！（ブラックマンの実験）

　光合成速度と外的条件の関係を調べるために光の強さ・温度・二酸化炭素濃度を変化させて実験を行ったのがブラックマンである。次の3つのグラフを押さえておけば得点できる問題が多い。

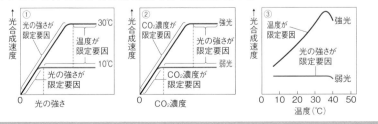

3 光合成に関する記述として，妥当なのはどれか。

1. 植物は，光合成により水と窒素からデンプンなどの有機物を合成するとともに，呼吸により二酸化炭素を吸収している。

2. 光合成速度の限定要因は，光合成速度を制限する環境要因のうち最も不足する要因のことであり，例として温度がある。

3. 光飽和点は，植物において二酸化炭素の出入りがみかけの上でなくなる光の強さのことであり，光飽和点では呼吸速度と光合成速度が等しくなる。

4. 陰葉は，弱い光しか当たらないところにあるため，強い光が当たるところにある陽葉と比べ，さく状組織が発達して葉が厚くなる。

5. クロロフィルは，光合成を行う緑色の色素であり，緑色植物や藻類の細胞にあるミトコンドリアに含まれている。

（東京都Ⅰ類・24年度）

解説 1．誤り。光合成は，光エネルギーを利用して水を分解して水素を取り出し，水素と二酸化炭素からエネルギー源であるATPを使って有機物を合成する反応であり，窒素を原料とはしない。また，呼吸によって吸収しているのは二酸化炭素ではなく酸素である。

2．正しい。不足すると反応が低下してしまう要因を限定要因または制限要因という。たとえば，温度を10℃から30℃に上げたことで光合成量も大きくなれば，温度が不足していた限定要因であることがわかる。

3．誤り。二酸化炭素の出入りが見かけ上なくなったところは，光飽和点ではなく補償点である。光飽和点とは，それ以上光を強くしても二酸化炭素の吸収量が一定となる光の強さのことであるので誤り。

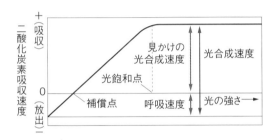

4．誤り。日当たりのよいところに生える葉を陽葉，日陰に生える葉を陰葉というが，一般に陽葉のほうが陰葉よりも，強い光の下でも能率よく光合成が行われるようにさく状組織が発達しており葉も厚く気孔の数も多い。陰葉は葉も薄く，さく状組織の発達は悪い。

5．誤り。クロロフィルは葉緑体に含まれる色素でミトコンドリアに含まれているのではない。クロロフィルが緑色をしているのはマグネシウムを含んでいるためである。

解答 2

4 植物の光合成に関する次の記述のうち，妥当なものはどれか。

1. 光合成は光エネルギーを用いて有機物が作られるはたらきであり，光合成で作られるのはタンパク質である。

2. 光合成は，有機物を分解してエネルギーを取り出す呼吸と逆の反応であり，呼吸と同じミトコンドリアで行われる。

3. 光は光合成色素で吸収される。葉が緑色なのは，緑色の光は他の可視光と比べて吸収されにくいからである。

4. 暗黒下から光を強くしていくと，ある強さの光までは光合成はまったく行われず，それを超えると光合成が始まり，光合成速度が増加していく。

5. 陰生植物は陽生植物よりも光を効率よく使うことができるため，陰生植物の光合成速度は，弱光下でも強光下でも陽生植物よりも大きい。

（地方上級・29年度）

解説 1. 光合成は水と二酸化炭素を原料に有機物を合成する働きで，作られる有機物は炭水化物（糖）であるので誤り。

2. 酸素を用いて有機物を分解してエネルギーを取り出す働きである呼吸はミトコンドリアで行われるが，光合成が行われるのは葉緑体であるので誤り。

3. 正しい。光合成には可視光線の中でも青紫色光と赤色光が有効である。植物の葉が緑色に見えるのは，緑色や黄色の光をほとんど利用せず反射したり透過させたりするためである。

4. 弱光下でも光合成は行われているので「まったく行われない」は誤り。ある光の強さ（補償点）まではCO_2が吸収されないので光合成が止まって見えるが，これは光合成速度よりも呼吸速度が上回っているためである。

5. 陰生植物は，弱光の下では陽生植物よりも光合成速度は大きいが，強光の下では陽生植物のほうが光合成速度は大きくなるので誤り。

解答 3

5 次の文は，発酵に関する記述であるが，文中の空所A～Cに該当する語の組合せとして，妥当なのはどれか。

微生物が，　　A　　を使わずに有機物を分解してエネルギーを得る反応を発酵という。　　B　　は，　　A　　が少ないときには，アルコール発酵を行い，　　C　　をエタノールと二酸化炭素に分解してエネルギーを得ている。

	A	B	C
1	葉緑体	乳酸菌	グルコース
2	葉緑体	乳酸菌	ATP
3	酸素	乳酸菌	グルコース
4	酸素	酵母	ATP
5	酸素	酵母	グルコース

（特別区Ⅰ類・30年度）

解説 A酸素を必要としない嫌気呼吸には解糖と発酵がある。ブドウ糖（グルコース）からピルビン酸ができるまでは好気呼吸の解答系とまったく同じ反応である。発酵は有機物が微生物によって酸素を使わずに分解される反応でB酵母菌によってブドウ糖（Cグルコース）がエタノールになるアルコール発酵，乳酸菌によってブドウ糖（グルコース）が乳酸に分解される乳酸発酵がある。発酵のうち，有機物が分解されて毒性を持つものや悪臭を持つものができるときは腐敗というので注意したい。

解答 5

6 酸素を用いて有機物を分解し，ATPを作り出す働きを呼吸という。呼吸に関する次の記述のうち，妥当なのはどれか。

1．呼吸が行われる細胞小器官は，動物ではミトコンドリア，植物では葉緑体である。

2．呼吸で作られるATPは，多くの生命活動のエネルギー源である。

3．呼吸で分解される有機物は主にタンパク質であり，タンパク質を使い切ると炭水化物や脂肪が分解される。

4．呼吸によって有機物が分解されると，窒素と水が生じる。

5．激しい運動をしている動物の筋肉組織では，有機物の分解に酸素ではなく乳酸が使われる。

(市役所C日程・26年度)

解説　1．酸素を用いる好気呼吸が行われる細胞小器官は，動物も植物も同じミトコンドリアであるので誤り。葉緑体は植物が光合成をおこなうところであり植物細胞特有の器官である。

2．正しい。呼吸は，酸素を用いて有機物を分解して生活活動に必要なエネルギーを取り出している。合成されたATPはさまざまな生命活動に利用される。

3．呼吸に使われる有機物は，主に炭水化物のグルコースであるから誤り。ただし，グルコースが不足してくると，脂肪を脂肪酸とモノグリセリドに分解後，脂肪酸はクエン酸回路に，モノグリセリドは解糖系に入れ利用される。脂肪も不足してくるとタンパク質がアミノ酸に分解されて利用する仕組みになっている。タンパク質が用いられるのは最後である。

4．呼吸によって有機物（グルコース）が分解されると，窒素ではなく二酸化炭素と水を生じるので誤り。

5．激しい運動でも有機物の分解に使われるのは酸素であるの誤り。その酸素が不足するために筋肉組織に乳酸が溜まり凝りを生じる。

解答　2

第**3**位

岩石・火山

・・・・・・・・・・・・・・・・・・・・・・・・・・・・・・・・・・

出題科目：地学

火成岩・堆積岩・変成岩の３つの岩石と，それを作っている造岩鉱物，火山まで，ポイントを押さえて覚えれば得点源にできるテーマである。

よく出る度（上級）	★★★
よく出る度（初級）	★★
カンタン度	★★★★

第**3**位 岩石・火山

ココがポイント！

岩石は，火成岩・堆積岩・変成岩の３つが出題される。さらにその成り立ちや岩石名を正確に把握していることが必要になる。火山は形，噴火の仕方，マグマの粘性・温度・SiO_2の含有量の違いに狙いを定めた学習が効果的である。

 これは覚えよう！

【火成岩】

○マグマが冷え固まってできた岩石のことを火成岩という。そのうち地表または地表近くで急速に冷え固まったものを火山岩といい，この斑晶と石基からなるつくりをしたものを斑状組織という。一方地下深くでゆっくりと冷え固まったものを深成岩といい，ほぼ同じ大きさの結晶が集まってできたつくりをしているので等粒状組織という。

○火成岩は主成分であるSiO_2（二酸化ケイ素）の含有量の割合が52％以下は塩基性岩，52～66％ならば中性岩，66％以上ならば酸性岩というように分類される。

○火成岩は主成分であるSiO_2の含有量の割合が多くなると白っぽい色になり，少ないと黒っぽい色になる。割合が中程度の時には灰色になる。

○火成岩中には主にカンラン石，輝石，角閃石，黒雲母の４つの有色鉱物がある。高温のマグマが冷えてくると溶けていた鉱物が晶出してくるが，融点の高い鉱物から晶出（固体になること）する。また，この順番は自形になりやすさの順番でもある。自形とは鉱物が本来持っている結晶の形を取ることで，この反対に結晶形を取れないものが他形である。

○化学組成が同じで結晶構造が異なる鉱物どうしの関係を多形という。代表例には，「ダイヤモンドと石墨」や「紅柱石・ケイセン石・ランショウ石」がある。

【堆積岩】

○地表の岩石は，長い年月のうちに次第に風化され破壊されていく。このようにしてできたれき（直径2mm以上）・砂（直径0.06〜2mm）・泥（直径0.06mm以下）などを風化砕屑物という。風化砕屑物は，流水などにより運搬され海底や湖底に堆積する。そこでこの未固結の風化砕屑物は，やがて固い堆積岩になっていく。この作用を続成作用という。続成作用には，堆積物自体の重みによって堆積物の中から水がしぼり出され圧縮されていく作用や，水中に含まれていた$CaCO_3$（炭酸カルシウム）やSiO_2（二酸化ケイ素）などが粒子間を埋めて固めていく作用などがある。堆積岩には，火山噴出物からなるものもあるが，続成作用によって堆積岩になった例としては凝灰岩がある。また堆積岩は成因によっても分類される。石灰岩やチャートなどの生物の遺骸が集まって固結した生物岩，$CaCO_3$（炭酸カルシウム）やSiO_2（二酸化ケイ素）などの海中の成分が凝集沈殿した化学岩がある。

【化石】

○化石は過去の生物の遺骸や痕跡のことで，死後急速に埋められ酸素と遮断されて分解から免れてできる。そのため海中の生物のほうが堆積物がたまりやすく化石になりやすい。化石には年代の推定に役立つ示準化石と堆積した当時の環境の推定に役立つ示相化石の2つがある。示準化石の代表例として三葉虫（古生代），フズリナ（古生代），アンモナイト（中生代），恐竜（中生代），貨幣石（新生代），ビカリア（新生代），マンモス（新生代）などがある。

【変成岩】

○岩石が地下深くでマグマの貫入や地殻変動（造山運動）などによって高温や高圧の下に長い間さらされると鉱物の組織や種類が変化してまったく別の岩石になることがある。この作用が変成作用で，変成作用によってできた岩石を変成岩という。変成岩は接触変成岩と広域変成岩に分類される。接触変成岩には，石灰岩にマグマの貫入によってできた大理石と泥岩・砂岩にマグマの貫入によってできたホルンフェルスがある。一方造山運動に

伴って高温・高圧の条件下でできるものには，低温高圧型の結晶片岩や高温低圧型の片麻岩がある。

【火山】

○地下に存在する高温で液状の物質をマグマといい，それが地表に現れると溶岩と呼ばれる。火山の噴火様式と火山形態は，ともにマグマの粘性に関係している。マグマに含まれるSiO_2が多いと，粘性が高いため爆発的な噴火をしやすい。

○粘性の小さい玄武岩質溶岩を繰り返し噴出するタイプの火山の形は盾状火山で，例としてマウナロワやキラウエア（いずれもハワイ）がある。溶岩の流出と火山弾，火山灰を交互に噴出するタイプの火山の形は成層火山で，例として富士山，浅間山，桜島がある。粘性の大きい溶岩を噴出してドーム状の高まりを作るタイプの火山の形は溶岩円頂丘で，例として雲仙普賢岳，昭和新山，有珠山がある。噴火によって大量の火砕流や溶岩を噴出し，マグマだまりに空洞ができ陥没してできるタイプの火山の形はカルデラで，例として阿蘇山がある。

過去問にチャレンジ 基本レベル

> **1** 地球の岩石に関する記述として，妥当なのはどれか。
>
> 1. 深成岩は，斑晶と細粒の石基からなる斑状組織を示し，代表的なものとして玄武岩や花こう岩がある。
>
> 2. 火山岩の等粒状組織は，地表付近でマグマが急速に冷却され，鉱物が十分に成長することでできる。
>
> 3. 火成岩は，二酸化ケイ素（SiO_2）の量によって，その多いものから順に酸性岩，中性岩，塩基性岩，超塩基性岩に区分されている。
>
> 4. 火成岩の中で造岩鉱物の占める体積パーセントを色指数といい，色指数の高い岩石ほど白っぽい色調をしている。
>
> 5. 続成作用は，堆積岩や火成岩が高い温度や圧力に長くおかれることで，鉱物の化学組成や結晶構造が変わり，別の鉱物に変化することである。
>
> （東京都 I 類 B・元年度）

第**3**位

解説 1．誤り。本肢は火山岩の説明になっている。深成岩は，マグマが地下深部でゆっくり冷えて固まった岩石で大きさがほぼそろった粗粒の鉱物からなる等粒状組織を示し，代表的なものは花こう岩や閃緑岩やハンレイ岩である。

2．誤り。火山岩は，地表または地表近くで急に冷えて固まるため，斑晶と石基からなる斑状組織である。石基は急冷されてできるため非結晶（ガラス質）の状態である。

3．正しい。岩石中に含まれる二酸化ケイ素（SiO_2）の重量％が66％以上のものを酸性岩，52～66％のものを中性岩，45～52％のものを塩基性岩，45％未満を超塩基性岩という。

4．誤り。火成岩の中で有色鉱物の占める体積パーセントを色指数という。色指数の高いものほど黒っぽい色をしている。

5．誤り。続成作用とは堆積物がはじめは柔らかい層だが，積み重なってくるとその重みで水が押し出されて，粒子の隙間に炭酸カルシウムや二酸化ケイ素などが沈殿して埋められていき硬い堆積岩が作られる作用である。

解答 3

2 岩石や鉱物に関する記述として最も妥当なのはどれか。

1．ダイヤモンドや黒鉛（石墨）は，ともに炭素からなる鉱物である
　が，まったく異なる結晶構造をもつ。ダイヤモンドの結晶は硬度が
　高いのに対し，黒鉛の結晶は硬度が低い。このように化学組成が同
　じでも結晶構造が異なると別の鉱物として扱われる。

2．堆積岩のうち，流紋岩は貝殻などが集積してできたものであり，
　これが海底などの圧力により変成したものが大理石である。また，
　凝灰岩はプランクトンなどが集積してできたものであり，これが変
　成したものがチャートである。

3．玄武岩は，黒雲母が広範囲で同じ温度，同じ圧力を長期間受けて
　生じた変成岩の一種であり，岩石の組織が粒状で緻密な結晶の集合
　体である。長石とは外観が似ているが，玄武岩は縦や横に割れる性
　質をもたないので，この性質で両者を判別できる。

4．水晶はかんらん石が結晶化したものであり，ミョウバンは石英が
　結晶化したものである。これらの結晶は，一般に硬度や透明度が高
　いため宝石の原料となり，時計の軸受け（ベアリング）など工業用
　にも利用されている。

5．火成岩のうち，安山岩は，地下でマグマがゆっくり冷えて固まっ
　た深成岩に属し，ガラス質の物質が多く含まれている。一方，花こ
　う岩は，地表またはその近くでマグマが急速に冷えて固まった火山
　岩に属し，石材としては御影石と呼ばれる。

（国家専門職［大卒］・26年度）

解説 1．正しい。鉱物は，生成する条件によって結晶構造が変化することがある。たとえば，炭素が結晶化すると黒雲母同様はがれやすい構造の石墨になるが，高温高圧下では結晶構造が変化してダイヤモンドになる。このように，化学組成が同じで結晶構造が異なる鉱物の関係を多形といい別の鉱物として扱われるので正しい。

2．流紋岩は堆積岩ではなくマグマが冷え固まってできた火成岩なので誤り。また，大理石は，海底などの圧力ではなく，堆積岩である石灰岩がマグマの貫入で熱変成してつくられた接触変成岩であるから誤り。また，凝灰岩とはプランクトンなどが集積したものではなく火山灰が堆積してできたものである。

3．玄武岩はマグマが地表または地表近くで急冷されてできた火山岩であり変成岩ではないので誤り。玄武岩の組成は，流動性に富む溶岩が急冷されてできるため結晶化してない非結晶の石基と斑晶からなる斑状組織をしている。玄武岩は黒っぽい色をしており，白色の長石とは外観は似ていないので誤り。

4．水晶は，かんらん石が結晶化したものではなく石英の六角柱状の結晶形をもった鉱物のことなので誤り。ミョウバンは，火山地帯の地中にある天然鉱物塩の一種である。腕時計の軸受けに使われているのはルビーである。ルビーはダイヤモンドに次ぐ硬度を持ち，摩耗に強いので力のかかる歯車の軸を受けるのに適している。

5．火成岩のうち安山岩は，地表で急冷されてできる火山岩なので誤り。安山岩は斜長石，輝石のはん晶を含み，また角セン石や黒雲母を含むこともある中性岩で火山石の岩石。一方，花こう岩は地下でマグマがゆっくり冷え固まった深成岩であり，地表近くで急速に冷え固まったものではないので誤り。花こう岩が墓石などの石材に使われており御影石と呼ばれているのは正しい。

解答 1

3 次は地質時代に関する記述であるが，A〜Dに当てはまるものの組合せとして最も妥当なのはどれか。

地質学においては，地層や化石をもとに，地球の歴史を解き明かす試みがなされている。

進化の速度が速く，種類としての存続期間が限定されていて，しかも地理的分布が広い生物の化石は，その地層ができた時代を決めるのに有効である。このような化石を　A　といい，紡錘虫（フズリナ）は　B　後期を特徴づける　A　として知られている。

また，その生物が生息していた当時の自然環境を知る手掛かりとなる化石を　C　と呼び，その例として，温暖で浅い海にしか繁殖しない造礁サンゴなどがある。ただし，　C　となり得るには，それらの化石が元の生息地に近いところで化石となることが必要である。

岩石や鉱物に含まれる　D　元素は，一定の割合で崩壊して他の元素に変わっていくが，その速度は，それぞれ元素によって決まっている。これを利用することで，岩石や鉱物ができてから何年経過したかを測定できるようになり，地質時代の相対的な新旧関係を示す相対年代を，絶対年代（数値年代）で表現することが可能となった。

	A	B	C	D
1．	示準化石	古生代	示相化石	放射性
2．	示準化石	中生代	示相化石	揮発性
3．	示準化石	中生代	示相化石	放射性
4．	示相化石	古生代	示準化石	放射性
5．	示相化石	中生代	示準化石	揮発性

（国家専門職［大卒］・23年度）

解説 Ａ：地層ができた時代を決めるのに有効な化石なので^A<u>示準化石</u>である。

Ｂ：紡錘虫（フズリナ）は^B<u>古生代</u>の代表的な示準化石である。古生代の代表的な示準化石のフズリナは古生代後半，三葉虫は古生代全般の化石であることも知っておこう。

Ｃ：生物が生息していた当時の自然環境を知る手掛かりとなる化石は^C<u>示相化石</u>である。

Ｄ：一定の割合で崩壊して他の元素に変わっていくのは^D<u>放射性同位元素</u>である。「今から何年前の化石なのか」は，岩石中に含まれるこの放射性同位元素の半減期（初めの半分になるまでの時間）を利用して調べている。公務員試験では，長い年数の場合はウラン－鉛法（半減期45億年），短い年数の場合は炭素14法（半減期5700年）の２つを覚えておけば十分であろう。

解答 1

過去問にチャレンジ 基本レベル

4 火山に関する記述として，妥当なのはどれか。

1．粘性の低い溶岩が繰り返し大量に流出すると，ハワイ島のマウナロア山のような成層火山が形成される。

2．噴火により大量のマグマが噴出すると，マグマ溜まりに空洞が生じ，地表が陥没して凹地ができることがあるが，このような凹地をカルデラという。

3．溶岩や火山砕屑物が交互に積み重なると，富士山のような円錐形の盾状火山が形成される。

4．粘性が高いと溶岩は流れにくく，厚い溶岩流となり，盛り上がった溶岩台地と呼ばれるドーム状の高まりをつくる。

5．一度の噴火でできた火山を複成火山といい，休止期をはさむ噴火を繰り返してできた火山を単成火山という。 （特別区Ⅰ類・20年度）

解説 1．粘性の低い溶岩が繰り返し大量に流出して形成されたハワイ島のマウナロア山は成層火山ではなく盾状火山なので誤り。成層火山は，溶岩の流出と火山弾，火山灰を交互に噴出して形成されたもので代表例では富士山，浅間山，桜島などがある。

2．正しい。過去にカルデラが形成されたが現在は侵食などによって地表にはっきりとした凹地として地形をとどめていない場合にもカルデラと呼んでいる。代表例として阿蘇カルデラ，箱根カルデラがある。

3．溶岩や火山砕屑物が交互に積み重なると，富士山のような円すい形をした火山が形成されるが，これは盾状火山ではなく成層火山であるので誤り。日本では盾状火山はほとんど見られないことも覚えておこう。

4．粘性が高いと溶岩は流れにくいのは正しいが，溶岩台地ではないので誤り。溶岩台地は粘性の低い玄武岩質の溶岩が大量に噴出して積み重なってできたもので世界的な代表例としてはデカン高原である。

5．1回のまとまった噴火活動を単成火山といい，休止期をはさんで何度も大噴火を繰り返しで成長した火山を複成火山というので誤りである。

解答 2

過去問にチャレンジ　基本レベル

5 火山に関する記述として，妥当なのはどれか。

1．マグマは，マントルの一部が溶融してつくられるものであり，二酸化ケイ素の成分が多くなるほど粘性は小さくなる。

2．火砕流は，高温の火山砕屑物と火山ガスが混じり合い，高速で山腹を流れ下る現象であり，1991年に雲仙普賢岳で発生している。

3．盾状火山は，溶岩と火山砕屑物が交互に積み重なってできた円錐形の火山であり，盾状火山の例として富士山がある。

4．成層火山は，粘性の小さい溶岩が堆積してできたなだらかな傾斜の火山であり，成層火山の例としてハワイ島のマウナロア山がある。

5．カルデラは，粘性が大きい溶岩が盛り上がってできたドーム状の火山であり，カルデラの例として昭和新山がある。

（東京都Ⅰ類・24年度）

解説　1．マグマはマントルの上部が溶融して作られるのは正しいが二酸化ケイ素の成分が多くなると粘性は小さくなるは誤り。二酸化ケイ素はガラスの成分なので粘性は大きくなる。

2．正しい。溶岩ドームが崩れ始めると溶岩ドームに割れ目ができ火山ガスと火山砕屑物が一緒になって，およそ時速100kmという高速度，温度は100〜700℃に達して山腹を流れ下り大惨事になった。

3．溶岩と火山砕屑物が交互に積み重なってできるのは成層火山であり盾状火山ではないので誤り。成層火山の代表例が富士山である。盾状火山は日本ではほとんど見られないので誤り。

4．粘性の小さい溶岩が堆積してできるのは盾状火山である。ハワイのマウナロワは盾状火山の代表例である。

5．粘性の大きい溶岩が山頂付近でドーム状になるのは，溶岩円頂丘（または溶岩ドーム）でその代表例が昭和新山である。カルデラは噴火により大量のマグマが噴出しマグマだまりに空洞が生じて地表が陥没してできた凹地のことである。

解答　2

6 **火山に関する記述として，妥当なのはどれか。**

1．火砕流は，噴火によってとけた雪など多量の水が火山砕屑物と
混ざって流れ下る現象である。

2．大量の火山灰や軽石が一度に大量に噴出すると，インドのデカ
ン高原のような大規模な溶岩台地が形成される。

3．ハワイ式噴火は，粘性の高いマグマが間欠的に爆発的噴火を引
き起こすものであり，例としてハワイ島のマウナロア火山の噴火
がある。

4．粘性が低い玄武岩質のマグマが繰り返し噴出すると，富士山の
ような円錐形の仮想火山が形成される。

5．ホットスポットは，アセノスフェア内に特に湿度の高い狭い部
分から高温のプルームが上昇して火山活動を行う地点である。

（東京都Ⅰ類B・令和2年度）

解説 1．火砕流は，噴火によって溶けた雪や多量の水ではなく，火山砕屑物と火山ガスが一団となって斜面を高速で流れ下るものなので誤り。1990年の雲仙普賢岳の噴火で見られた火砕流は重要。

2．溶岩台地は，大量の火山灰や軽石ではなく，地球上の裂け目から流動性の大きい（さらさらしている）溶岩があふれでたもので広い範囲を覆ったものなので誤り。インドのデカン高原はその代表例。

3．ハワイ式噴火とは，粘性が高い溶岩ではなく，流動性の大きい（粘性の小さい）玄武岩質溶岩が割れ目状火口から流出する噴火形式なので誤り。例としてのハワイ島のマウナロワは正しい。

4．成層火山は，粘性がやや高く，爆発的噴火による熱いマグマのしぶき(火砕物)の割合が多いため，溶岩と火砕物が交互に堆積した層からなる傾斜の大きな山体を持つ火山で，粘性が低い玄武岩質のマグマの噴出ではないので誤り。成層火山はスコリア丘（黒い火山レキが積み重なった小さな山）や溶岩ドームなどを火山体全体として含むことが多く外国で複合火山と呼ぶことがある。

5．正しい。ホットスポットはマントル深部から高温物質が上昇するため，生成されるマグマの供給源（不動点）をいい，円柱状の上昇流がプルームである。

解答 5

7 火山活動に関する記述として最も妥当なのはどれか。

1. 盾状火山は，玄武岩質で粘性の低いマグマの噴出により，溶岩流が広く流れ出して形成されるため，傾斜のゆるい山となり，噴火が繰り返し起きてできた面積の広い火山が多い。代表的なものにハワイ・マウナロア山がある。

2. 成層火山は，二酸化珪素の含有量の少ないマグマの噴火により，同時期に流出した火砕物と溶岩が幾層にも交互に重なり合って堆積するため，整った円錐形となる。我が国では富士山以外には成層火山はほとんどみられない。

3. 溶岩円頂丘とは，安山岩質で温度の高い溶岩が，火山活動が収束しつつあるときに火口の上にゆっくりとドーム状に盛り上がったもので，そのまま火山活動を終える場合が多く，なだらかな山容を示す。代表的なものに岩手山や三宅島がある。

4. カルデラの多くは，マグマが急激に上昇して噴出し，爆発によるエネルギーで山体が破壊されてできた窪地である。形成されたカルデラに地下からの湧き水がたまってできた湖としては，諏訪湖や十和田湖などがある。

5. 海洋プレートが沈み込むときに，プレート間に生じる摩擦によって発熱が起こり，岩石が溶けてマグマが生じる。火山はマグマがたまった上部に発生すると考えられている。我が国では多くの火山が帯状に分布しており，火山帯の西側のへりは明瞭な線で結ばれ，火山前線と呼ばれる。

（国家一般職［大卒］・21年度）

解説　1．正しい。盾状火山は日本ではほとんど見られないことも覚えておこう。

2．成層火山の説明は正しいが，日本では富士山以外にほとんど見られないは誤り。成層火山は日本で一番多いタイプの火山であり，桜島や浅間山など多数存在する。

3．溶岩円頂丘をつくるのは，流紋岩～玄武岩まで変化に富み，二酸化ケイ

素を多く含んでいるために温度の低い粘性の高い溶岩なので誤り。そのため火口の上に溶岩ドームができる。岩手山，三宅島は溶岩円頂丘ではなく成層火山であるので誤り。

4．カルデラの成因についての説明は正しいが，例として十和田湖はカルデラに水をたたえたカルデラ湖であるが，諏訪湖はカルデラ湖ではないので誤り。諏訪湖は地殻変動によって作られた凹地に水をたたえたもので糸魚川－静岡構造線（フォッサマグナ）によってできた湖で構造湖である。

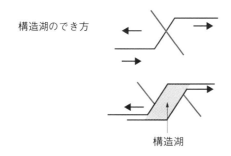

構造湖のでき方

構造湖

5．プレートが沈み込むと，ある深さ・温度に達するとマグマが発生し上部に火山をつくりわが国では帯状に分布している説明は正しいが，下図のように火山の東側つまり海溝側の縁のラインを火山前線（火山フロント）といい火山帯の西側ではないので誤り。

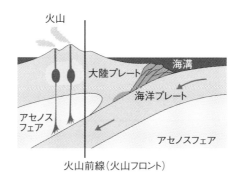

火山

大陸プレート

海溝

海洋プレート

アセノスフェア

アセノスフェア

火山前線（火山フロント）

解答 1

得点しやすいテーマ

第**4**位

生物の反応と調節

....

出題科目：生物

植物のホルモンとヒトの恒常性にかかわる
数種のホルモンについて，名称，その作用
等を正確に覚えておけば正誤問題で得点で
きる。

よく出る度（上級）	★★★★
よく出る度（初級）	★★★
カンタン度	★★★★

第4位 生物の反応と調節

ココがポイント！

公務員試験で出題されるホルモンは，植物のホルモンと
ヒトの恒常性にかかわる数種のホルモンである。名称は
もとよりその作用等を正確に覚えておけば正誤問題は突
破できる。

 これは覚えよう！

【せきつい動物のホルモン】

○ホルモンは内分泌腺で作られ血液中に分泌されて全身に運ばれ特定の器官
や組織の活動に影響を与えたり恒常性を保つのに重要な働きをしている。
恒常性の維持には複数のホルモンが関係したり自律神経系と強調したりす
る場合もある。

○ホルモンは微量で作用し即効性がある。

○せきつい動物では種類が違っても同じ内分泌腺からは同じ作用を持つホル
モンが分泌される。

○下図の赤線で示すように，甲状腺から分泌されチロキシンの濃度が血液を
通して間脳の視床下部で感知され，そこで調節が行われる。このように，
調節された結果が，調節の開始部分に働きかけていくことを繰り返すこと
によって，恒常性を維持する仕組みをフィードバックという。

間脳視床下部 ──→ 脳下垂体前葉 ──→ 甲状腺 ──→ 代謝促進

【腎臓での浸透圧調節にかかわるホルモン】

○発汗などによって体内の水分が不足して浸透圧（水分を引き込もうとする
力）が上昇してくると脳下垂体後葉からバソプレシンが分泌されて腎臓の
腎細管での水分の再吸収が促進される。これによって尿量が減少し浸透圧
が下がり血圧が上昇する。そのため抗利尿ホルモン・血圧上昇ホルモンと

いわれる。

○副腎皮質から分泌される鉱質コルチコイドの働きで腎臓の腎細管でのナトリウムイオンの再吸収が促進され，結果浸透圧を上昇させる。

【血糖量の調節にかかわるホルモン】

○高血糖の状態になるとそれを間脳の視床下部が感知して副交感神経を通じてすい臓のランゲルハンス島にあるＢ細胞からインスリンが分泌され，組織での糖の分解を促進して二酸化炭素と水に分解する。余分な糖はグリコーゲンにして肝臓や筋肉に貯蔵する。

○低血糖の状態になると３つのルートでホルモンが分泌される。

　１つ目は低血糖の状態を間脳の視床下部が感知して交感神経を通じて副腎髄質からアドレナリンを分泌される。

　２つ目はすい臓にあるランゲルハンス島のＡ細胞からグルカゴンが分泌され肝臓に貯蔵されているグリコーゲンを糖に分解することで血糖量を増加させる。

　３つ目は間脳の視床下部から脳下垂体前葉に働きかけて副腎皮質刺激ホルモンが出されると腎臓の副腎皮質から糖質コルチコイドが分泌され筋肉などのタンパク質を糖に分解して血糖量を増加させる。

【神経系】

○神経系は中枢神経系と末梢神経系に分類され，中枢神経系は脳と脊髄に分類される。末梢神経系は感覚神経や運動神経などの体性神経系と交感神経や副交感神経の自律神経系に分類される。

○ヒトの脳で呼吸や消化の運動をつかさどっているのは延髄，体温や血糖量の調節をつかさどっているのは間脳，感覚・運動・高度の精神活動をつかさどっているのは大脳，体の平衡の保持をつかさどっているのは小脳，膝蓋腱反射の中枢は脊髄，眼球の運動や虹彩の収縮をつかさどっているのは中脳である。

○自律神経は一方の神経が期間の働きを促進している場合，他方は抑制するように働き，この拮抗的な作用が内蔵や器官の働きを調節している。

器官	ひとみ	立毛筋	心臓の拍動	肺呼吸運動	胃 運動	唾液の分泌	血管	神経伝達物質
交感神経	拡大	収縮	促進	促進	抑制	抑制	収縮	ノルアドレナリン
副交感神経	収縮		抑制	抑制	促進	促進		アセチルコリン

【植物のホルモン】

○植物成長ホルモンの一つに，茎の先端で生成されて細胞壁の伸長成長を促進するオーキシンがある。オーキシンは濃度が高くなると茎（頂芽）の成長を促進するが，側芽の成長は抑制する。この現象を頂芽優勢という。茎（頂芽）が折れたり切られたりするとオーキシンの濃度が低くなるため側芽の成長を促進する。

○イネが長く伸び葉の幅が狭くなる病気（バカ苗病）の原因となるバカ苗病菌というカビから分泌される物質を発見したのが黒沢英一である。この物質はジベレリンと命名され植物に広く存在している。茎の伸長成長・発芽促進などの働きがあり「種なしブドウ」の生産に利用されている。

○茎や葉の分化を促進したり，細胞の老化を防ぐホルモンがサイトカイニンである。細胞分裂促進作用のある物質のカイネチンが発見され，このカイネチン同様の働きを持つ物質を総称してサイトカイニンという。ほかにも気孔の開く働きもある。

○種子の発芽を抑制（種子の休眠の促進）したりサイトカイニンとは拮抗的に気孔を閉じたり落葉・落果を促進するホルモンがアブシシン酸である。

○植物のホルモンで唯一気体なのがエチレンである。エチレンは果実の成熟促進（青いバナナが黄色く色づくなど）や植物によっては離層を形成・落葉落果の促進させる働きもある。

1 神経やホルモンによる調節に関する次の記述のうち，正しいのはどれか。

1. 神経やホルモンによる調節の中枢は小脳にあり，小脳にはたくさんの内分泌腺がある。

2. 脳下垂体後葉からは，バソプレシンが分泌され，不足するとバセドウ病を引き起こす。

3. 交感神経と副交感神経は意志によって調節でき，交感神経は心臓の拍動を抑制するように動く。

4. ホルモンは，心臓においてたくさんの量が作用し，ホルモン自体は，基質として動いている。

5. インスリンは，糖の消費・貯蔵の促進をするホルモンで，不足すると糖尿病の原因となる。

(地方初級・16年度)

第**4**位

解説 1. 神経やホルモンによる調節の中枢は小脳ではないので誤り。調節に関する自律神経の最高中枢は間脳の視床下部にあり，視床下部の下には脳下垂体がある。内分泌腺は，脳下垂体・甲状腺・副甲状腺・すい臓のランゲルハンス島・副腎・生殖腺であり，「小脳にはたくさんの内分泌腺がある」は誤り。

2. 脳下垂体後葉からバソプレシンが分泌されるのは正しいが，バソプレシンは血圧上昇作用，抗利尿作用があり，バセドウ病は甲状腺ホルモンのチロキシンが過剰に分泌されたときに起こる病気であるので誤り。

3. 自律神経である交感神経と副交感神経は意志とは無関係に働くので誤り。交感神経は心臓の拍動を促進するはうで抑制するように働くのは誤り。

4. ホルモンは主に内分泌腺で生成され全身に血液によって運ばれ，全身の特定の標的器官・組織の細胞（ホルモンに合う特定の受容体を持っている細胞）に作用するがその量は少量であるから誤り。

5. 正しい。インスリンは，すい臓のランゲルハンス島にあるB細胞から分泌され血糖量を減少させる働きがある。

解答 5

2 自律神経系の働きに関する次の文章の空欄ア〜オに当てはまる語句の組合せとして，妥当なのはどれか。

　自律神経系は，交感神経と　ア　とからなり，多くの場合，両者が同一の器官に分布し，相互に対抗的に作用することにより，その器官の働きを調整している。交感神経が興奮すると，その末端からは　イ　が，　ア　が興奮すると，その末端からは　ウ　が分泌され，各器官に働く。たとえば，交感神経が興奮すると，心臓の拍動が　エ　し，気管支は　オ　し，膀胱においては排尿を抑制する。

	ア	イ	ウ	エ	オ
1.	感覚神経	アセチルコリン	ノルアドレナリン	促進	拡張
2.	感覚神経	ノルアドレナリン	アセチルコリン	抑制	収縮
3.	副交感神経	アセチルコリン	ノルアドレナリン	抑制	収縮
4.	副交感神経	ノルアドレナリン	アセチルコリン	促進	拡張
5.	副交感神経	ノルアドレナリン	アセチルコリン	抑制	収縮

（東京都Ⅰ類B・27年度）

解説 自律神経系は，交感神経と^ア副交感神経とからなり，多くの場合，両者が同一の器官に分布し，相互に拮抗的に作用することにより，その器官の働きを調整している。交感神経が興奮すると，その末端からは^イノルアドレナリンが，アの副交感神経が興奮すると，その末端からは^ウアセチルコリンが分泌され，各器官に働く。たとえば，交感神経が興奮すると，心臓の拍動が^エ促進し，気管支は^オ拡張し，膀胱においては排尿を抑制する。

解答 4

3 ヒトの自律神経系や，ホルモンに関する記述として妥当なものはどれか。

1. 副交感神経の刺激により，体表の血管と立毛筋は収縮し，発汗が促進される。

2. 交感神経には消化器官の運動を促進する働きがあり，副交感神経には消化器官の運動を抑制する働きがある。

3. 自律神経系と内分泌系の中枢は，大脳にある。

4. インスリンは，すい臓の β 細胞から分泌されるホルモンであり，グルコースの細胞内への取り込みやグリコーゲンの合成を促進させる。

5. 一つの内分泌腺から，複数のホルモンが分泌されることはない。

(市役所C日程・25年度)

第**4**位

解説 1. 血管収縮と立毛筋の収縮，そして発汗に影響を与えるのは交感神経であるから誤り。交感神経が優位になるわかりやすい例がケンカ時である。血管収縮しているので怪我してもあまり出血しないし，動物が興奮して威嚇してくるとき毛は逆立っていることから立毛筋は収縮とわかる。

2. 消化器官への影響は交感神経が「抑制」で副交感神経が「促進」であるから誤り。自律神経は胃や心臓などの1つの器官に対して2種類の神経を送り込んで拮抗的に働いている。

3. 自律神経の中枢は，大脳ではなく間脳の視床下部にあるので誤り。大脳は，感覚・運動・高度の精神活動をつかさどっている。

4. 正しい。インスリンは血糖量を減少させる唯一のホルモンですい臓のランゲルハンス島のB（β）細胞から分泌される。

5. 一つの内分泌腺から複数のホルモンが分泌されることはあるので誤りである。頻出例でいくと副腎皮質からは糖質コルチコイドと鉱質コルチコイドがあり，脳下垂体前葉からは成長ホルモンと甲状腺刺激ホルモンと副腎皮質刺激ホルモンなどが分泌されている。

解答 4

4 ヒトのホルモンに関する記述として，妥当なのはどれか。

1．視床下部から分泌される糖質コルチコイドは，腎臓におけるナトリウムイオンの再吸収を促進する働きがある。

2．甲状腺から分泌されるパラトルモンは，腎臓における水の再吸収を促進し，血圧を上昇させる働きがある。

3．すい臓のランゲルハンス島から分泌されるグルカゴンは血糖量を増加させ，インスリンは血糖量を減少させる働きがある。

4．副腎から分泌されるチロキシンは，血液中のナトリウムイオン濃度やカリウムイオン濃度を調節する働きがある。

5．脳下垂体前葉から分泌されるバソプレシンは，血液中のカルシウムイオン濃度を増加させる働きがある。　　　　　（特別区Ⅰ類・26年度）

解説　1．腎臓におけるナトリウムイオンの再吸収の再吸収を促進して浸透圧の調節に関与しているのは副腎皮質から分泌される鉱質コルチコイドなので誤り。糖質コルチコイドは筋肉などのタンパク質を糖に分解して血糖量を増加させる。

2．腎臓における水の再吸収を促進し血圧を上昇させるのは脳下垂体後葉から分泌されるバソプレシンなので誤り。パラトルモンは副甲状腺から分泌される。

3．正しい。インスリンは，すい臓のランゲルハンス島のB細胞（またはβ細胞）から分泌されるホルモンで同じくランゲルハンス島のA細胞（またはα細胞）からはグルカゴンが分泌される。

4．チロキシンは副腎ではなく甲状腺から分泌されるので誤り。血液中のナトリウムイオンやカリウムイオンの濃度の調節は，副腎皮質から分泌される鉱質コルチコイドである。

5．バソプレシンは脳下垂体の後葉から分泌されるホルモンで抗利尿作用・血圧上昇作用のあるホルモンなので誤り。血液中のカルシウムイオン濃度の調節は副甲状腺から分泌されるホルモンのパラトルモンである。

解答　3

5 次のA，B，Cの記述と植物ホルモンの名称の組合せとして最も妥当なのはどれか。

A：種子は，発芽するまで休眠の状態にある。この植物ホルモンは種子の発芽を抑制し，休眠を維持する。

B：イネ科植物では，胚乳に蓄積されたデンプンがアミラーゼという酵素によって糖に分解され，胚の成長に利用される。この酵素の合成はこの植物ホルモンによって引き起こされる。

C：青いバナナを成熟したリンゴと同じ箱に入れておくとバナナの成熟が早まる。これは，リンゴの果実が放出するこの植物ホルモンが，果実の成熟を促進させる働きをもつからである。

	A	B	C
1.	アブシシン酸	ジベレリン	エチレン
2.	アブシシン酸	フィブリン	グルカゴン
3.	アブシシン酸	フィブリン	エチレン
4.	アミノ酸	ジベレリン	グルカゴン
5.	アミノ酸	フィブリン	エチレン

(国家一般職［高卒］・20年度)

第4位

解説　A：アブシシン酸である。種子の発芽を抑制させ休眠を促進させる。アブシシン酸は，発芽を促進させる作用を持つジベレリンと拮抗的に，気孔の開閉についてはサイトカイニンと拮抗的に働くホルモンである。

B：ジベレリンである。イネ，コムギ，オオムギなどの種子が吸水すると，胚からジベレリンができ，胚乳の外側を包む糊粉層に働きかけて主にアミラーゼを作らせる。アミラーゼは胚乳に分泌されて胚乳のデンプンを分解して糖にするので，できた糖を胚が吸収して根や芽を伸ばすための原料になり，発芽を促進させる。

C：エチレンである。エチレンは気体の植物ホルモンで，果実の成熟が始まる直前に大量に合成され，果実の成熟を促進する。またアブシシン酸が葉の離層形成を促進し，エチレンが落葉・落果を促進する。

解答　1

6 植物ホルモンに関する記述として最も妥当なのはどれか。

1．オーキシンは，花成ホルモン（フロリゲン）とも呼ばれ，植物種ごとに特有の構造式をもっている。植物の内分泌腺から分泌され，花芽の分化や種子形成を促進するなど生殖過程を調節する働きがある。

2．サイトカイニンは，茎の先端で合成され，基部方向へ移動して，茎や葉の伸張や根の分化など，植物の成長に広く関与している。光の当たる側に集まる性質があり，濃度が高くなった部分の成長が促進されるので，植物体が光の方向に屈曲する。

3．ジベレリンは，水分の不足などの乾燥のストレスに伴って根でつくられ，葉に移動して気孔を開く作用がある。成長や発芽を抑制したり休眠を誘導したりする働きもあるため，種子，球根などに多く含まれる。

4．アブシシン酸は，イネの病気の研究から日本人が発見した物質で，休眠を解除し植物体の成長を促進する。種子を形成せずに果実が成長する単為結実にも関与するので，この性質を用いて種なしブドウを作成することができる。

5．エチレンは，果物の成熟を促し，落葉を促進するなど植物の老化の過程に作用している。成熟したリンゴと未熟なバナナを同じ容器に入れて密閉しておくと，リンゴが放出するエチレンによってバナナの成熟が進む。

（国家専門職［大卒］・23年度）

解説 1．オーキシンは，インドール酢酸と同様の成長促進作用のある物質の総称である。花芽形成を促進する物質である花成ホルモン（フロリゲン）とは違うので誤り。

2．茎の先端で合成され茎や葉の伸長や根の分化，植物の成長に関与しているホルモンはオーキシンであるので誤り。サイトカイニンは，核酸と似た構造を持ち細胞分裂を促進させる作用を持つカイネチンと同様の作用を持つ物質の総称である。ほかに気孔の開度の増大，老化抑制などの作用がある。

3．成長や発芽を抑制したり休眠を誘導したりする働きを持つのはジベレリンではなくアブシシン酸なので誤り。アブシシン酸は気孔開度の減少の作用もある。

4．アブシシン酸ではなくジベレリンに関する説明であるので誤り。ジベレリンの説明としては正しい。イネのバカ苗病菌というカビから分泌される物質で発見したのが日本人の黒沢英一である。

5．正しい。エチレンは唯一の気体のホルモンで，果実の成熟促進や植物によっては離層を形成・落葉落果の促進させる働きもある。

解答 5

第**4**位

7 光に対して正の屈性を持つ植物の幼葉鞘（ようようしょう）をA〜Dのように加工し，一方向から光を当てて成長させた。このとき，光の方向に屈曲するものの組合せとして，妥当なのはどれか。

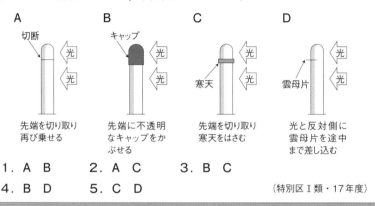

A	B	C	D
切断	キャップ	寒天	雲母片
先端を切り取り再び乗せる	先端に不透明なキャップをかぶせる	先端を切り取り寒天をはさむ	光と反対側に雲母片を途中まで差し込む

1．A B　　2．A C　　3．B C
4．B D　　5．C D

（特別区Ⅰ類・17年度）

解説 植物成長ホルモンであるオーキシンの性質についての問題である。幼葉鞘（子葉鞘）とは単子葉植物の発芽時期に芽生えを保護するための鞘で1本ずつ維管束を持っているもの。

A：オーキシンは光を嫌い光の当たらない方へ移動していくので光の当たらない図の左側が成長するため結果的に光の来る右方向へ屈曲する。（ダーウィンの実験）

B：幼葉鞘の先端部分で光を感知するので，不透明なキャップを先端にかぶせてあるとオーキシンは移動しないので成長はするが屈曲しない。（ダーウィンの実験）

C：オーキシンは水溶性で寒天に染み込んで通っていくので，Aと同様，光の来る方向とは反対側の左方向に移動するため光の当たらない左側が成長し光の来る右方向へ屈曲する。（ウエントの実験）

D：左側に雲母片が差し込まれており左側ではオーキシンが下方へ移動することが妨げられてしまうため，ほとんど成長できず屈曲もしない。（ボイセン・イエンセンの実験）

解答 2

第5位

地球の岩圏と気圏

出題科目：地学

地球内部の層構造，プレートの動き，地震，大気圏の構造といった内容である。いずれも，必要な知識を覚えれば正答するのは容易である。

よく出る度（上級）	★★★
よく出る度（初級）	★★★
カンタン度	★★★★★

第5位 地球の岩圏と気圏

ココがポイント！

公務員試験で出題される地球の岩圏は，地球内部の層構造，プレートの動き，地震が中心で，気圏は，大気圏の構造とその主な特徴についてが中心である。いずれも，正答するのに必要な知識を覚えれば心配はいらない。

 これは覚えよう！

【地球の内部構造】

○地球の内部構造は地震波の伝わり方の観測により明らかになってきた。

○縦軸に地震波の到着時間，横軸に震央距離をとってグラフにしたものを走時曲線といい，比較的浅い地震では走時曲線は折れ曲がった形になるが，それは地下にモホロビチッチの不連続面（モホ面）が存在するためである。モホロビチッチの不連続面（モホ面）に接した上部を地殻，下部をマントルといい，核はマントルのさらに下にある。

○地殻を構成する物質は多い順に酸素＞ケイ素＞アルミニウム＞鉄＞カルシウム・マグネシウム・ナトリウム・カリウムと続く。

○マントルを構成する物質は，酸素・マグネシウム・ケイ素・鉄である。

○核を構成する物質は鉄・ニッケルである。

○地震波の速度が急変する不連続面な，地殻とマントルの境界がモホロビチッチの不連続面（モホ面），マントルと外核の境界をグーテンベルク面，外核と内核の境界をレーマン面という。

【地震】

○地震波で波の進行方向と振動方向が平行な縦波をP波（Primary Wave）といい，波の進行方向と振動方向が垂直な横波をS波（Secondary Wave）という。P波は気体・液体・固体すべて伝わるがS波は固体のみ伝わるが液体を伝わらない。

○地震の揺れの程度を0〜7の10段階で表したものを震度という（震度5
　と6に強・弱がある）。

○地震の規模（放出するエネルギーの大きさ）を表したものをマグニチュー
　ドといい，値が1大きくなると地震の放出エネルギーは約32倍大きくな
　る（2違うと約1000倍になる）。

○固い岩石でも大きな力が加わるとほんの少し変形する。しかし柔軟性はな
　いのでやがて耐え切れずに割れてずれてしまう。これが断層である。断層
　には張力によって上盤がずり下がる正断層，圧力によって上盤がずり上が
　る逆断層，水平方向にずれる横ずれ断層がある。また，地震の際に地表に
　現れた断層を地震断層は過去にも繰り返し起こしていることが多い。新生
　代第四紀以降に活動し今後も活動する可能性がある断層を活断層という。

○震源の深さが100km以深の地震を深発地震といい，深発地震は環太平洋
　地震帯（島弧－海溝系）やアルプス－ヒマラヤ地震帯などのプレートが互
　いに近づく境界に限られている。

【大気の層構造】

○地表から約11kmまでの高さは気象現象が見られ，気温は100mにつき約
　0.65℃の割合で低下する。この範囲を対流圏という。地上から高度10km
　までで地球全体の大気の約75％を占めている。

○高度11km〜約50kmまでを成層圏という。ここでは大気の対流はほとん
　どなく気象現象は見られない。成層圏の温度は下部で約−60℃で一定だ
　が20kmより上部になると0℃〜10℃まで気温は上がる。これは，上部に
　あるオゾン層が紫外線を吸収するために起こる。対流圏と成層圏の境界を
　圏界面という。

○成層圏の上，地上から50〜80kmでは高度とともに気温は低下し上部では
　−90℃になる。この範囲を中間圏という。

○中間圏の上空，高度80km〜500kmでは温度が次第に上昇し高度80km以
　上では空気中の酸素や窒素が太陽放射の紫外線やX線によって電離してイ
　オンや電子になり，特にその密度が大きくなった層は電離層と呼ばれる。
　この範囲が熱圏である。熱圏では高緯度地方の高度100〜1000kmの範囲
　に発光現象が見られる。これがオーロラ（極光）である。

1 **地震に関する記述として最も妥当なのはどれか。**

1．地震発生と同時に，地震波であるP波とS波は震源から同時に伝わり始めるが，縦波であるP波のほうが横波であるS波より速く伝わる。両者の波の観測点への到達時刻の差を初期微動継続時間といい，震源から観測点までの距離に比例してこの時間は長くなる。

2．地球内部は地殻，マントル，核の三つに分けられる。マントルは，地震が発生した際にS波が伝わらないことから固体であると推定され，核は，P波の伝わる速度がマントルに比べて速いことから液体であると推定されている。

3．世界で起きる地震は，プレート内部の地殻深部で起きるものが多い。わが国で地震の発生が多いのは，日本列島全体が太平洋プレートの上にあるからであり，アルプス―ヒマラヤ地域で比較的発生が多いのも，この地域がユーラシアプレートの中央に位置しているからである。

4．地震の大きさは，通常，マグニチュードと震度で表される。マグニチュードは地震の規模を示し，地震波のエネルギーは，マグニチュードが1大きくなると約2倍になる。一方，震度は地震の強さを示し，震度が1大きくなると，地震の伝達範囲は4倍に広がる。

5．断層は地震による地層のずれで発生し，ずれ方によって正断層と逆断層の二つのいずれかに分類される。逆断層は，断層面が滑りやすく地震が発生するたびにずれる断層で活断層とも呼ばれる。一方，正断層は一度ずれると断層面が固着するので，再び地層がずれることはない。

（国家専門職［大卒］・27年度）

解説 1. 正しい。震源距離と初期微動継続時間の比例関係から震源距離を求める式が，地震学者大森房吉が導いた大森公式である。

2. 地球内部は地殻，マントル，核の３つに分けられるのは正しいが，Ｓ波は固体のみ伝わるので誤り。したがって，外核はＳ波が伝わらないことから液体と考えられている。Ｐ波はマントル内を伝わる速度が次第に大きくなるが，これは密度が大きくなって固くなるためである。Ｐ波がマントルから外核に入るときは密度がさらに大きくなるが速度は減少してしまう。これは，外核が液体であるため，Ｐ波がマントルに比べて核のほうが速いから液体というのは誤り。

3. 世界で起こる地震は，環太平洋地震帯（深発地震のほとんど），アルプス－ヒマラヤ地震帯（ときどき深発地震もある），中央海嶺やトランスフォーム断層地帯（浅発地震のみ），の３地域に集中しており，これらはプレート境界型地震でありプレート内部で起こる地震ではないので誤り。環太平洋地震帯とアルプス－ヒマラヤ地震帯の両地域で発生する地震エネルギーは地球全体で発生する地震エネルギーの98％にも達しているのでプレート内部の地震が多いは誤り。

4. マグニチュードは１大きくなるとエネルギーは２倍ではなく約32倍になるので誤り。また，地震動は地盤の固さや地形に大きく影響されるため，震度と伝達範囲の明確な比例関係は見られない。同じ町内でも場所によって震度が１異なる場合はある。

5. 断層は，上盤がずり上がる逆断層，ずり下がる正断層，右横ずれ断層，左横ずれ断層の４つに分類される。活断層とは，新生代第四紀以降に活動した断層であり，今後もなお活動する可能性のある断層のことなので逆断層は活断層とも呼ばれるというのは誤り。正断層は地震によって溜まったストレスが解消されるが，また張力（引っぱりの力）がかかり続ければ再び正断層は起こる可能性はあるので，再びずれることはないというのは誤り。

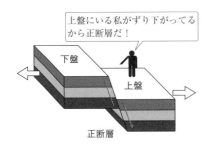

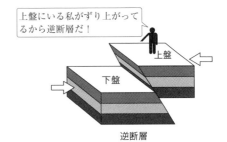

両側からの圧力によってできる断層で、
断層面に対して上盤がずり下がる

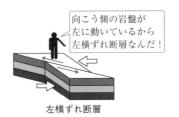

解答 1

2 次の文は，地球内部の層構造に関する記述であるが，文中の空所A〜Cに該当する語の組合せとして，妥当なのはどれか。

地球は内部を構成している物質の違いによって，地殻，マントル，核の大きく3つの層に分けられる。地殻は大陸地殻と海洋地殻に分けられ，海洋地殻は主に ____A____ から構成されている。マントルの上部は主に ____B____ ，核は主に ____C____ から構成されていると考えられている。

	A	B	C
1.	花こう岩質岩石	かんらん岩質岩石	玄武岩質岩石
2.	花こう岩質岩石	玄武岩質岩石	かんらん岩質岩石
3.	玄武岩質岩石	花こう岩質岩石	かんらん岩質岩石
4.	玄武岩質岩石	花こう岩質岩石	鉄
5.	玄武岩質岩石	かんらん岩質岩石	鉄

(特別区Ⅰ類・27年度)

解説 地球は内部を構成している物質の違いによって，地殻，マントル，核の大きく3つの層に分けられる。地殻は厚さ30km〜60kmの大陸地殻と厚さ5km〜10kmの海洋地殻に分けられ，海洋地殻は主に^A玄武岩質岩石から構成されている。マントルの上部は主に^Bかんらん岩質岩石，核は主に^C鉄・ニッケルから構成されていると考えられている。

密度3.3g/cm³のかんらん岩質岩石でできたマントルの上に密度3.0g/cm³の玄武岩質岩石でできた海洋地殻がある。マントルが減圧融解を起こして生じたのが玄武岩質マグマであり，それが海洋底を形成するからである。また大陸地殻は密度3.0g/cm³の玄武岩質岩石の上にさらに密度2.7g/cm³の花こう岩質岩石が乗って作られている。

解答 5

3 地震波に関する次の記述について，空欄ア～エに当てはまる語句の組合せとして妥当なものはどれか。

　地震が起きるとP波とS波が発生し，地球内部を伝わる。P波は進行方向に振動する縦波で，固体，液体，気体中を伝わり，S波は進行方向とは直角方向に振動する横波で，　ア　のみを伝わる。P波とS波で，伝わる速さが速いのは　イ　である。図1のように震央と観測地点と地球の中心を結んでできた中心角を角距離という。P波は角距離103°から143°の間に伝わらない部分がある。S波は角距離103°以遠で伝わらない。図2は，P波の伝わり方を描写した図である。③が示すようにマントルと外核の境界面で曲がり，伝わらない部分が生じる。曲がるのはマントルと外核で波の伝わる速さが異なるためである。一般に速い層から遅い層に波が伝わる場合，波は進行方向に対して遠ざかる方向に伝わる。したがって，③においてはマントルより外核のほうがP波の速さ　ウ　はなる。以上より，マントルは　ア　，外核は　エ　である。

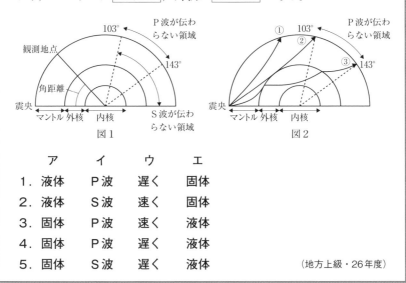

図1　図2

	ア	イ	ウ	エ
1.	液体	P波	遅く	固体
2.	液体	S波	速く	固体
3.	固体	P波	速く	液体
4.	固体	P波	遅く	液体
5.	固体	S波	遅く	液体

（地方上級・26年度）

解説 ア：「固体」である。Ｐ波は水平方向に振動として伝わる縦波で固体・液体・気体中すべて伝わるが，Ｓ波はねじれに対しての弾性として伝わる横波で固体中のみしか伝わらない（液体・気体はねじれに対する弾性はない）。

イ：Ｐ波のほうが水平方向に振動して伝わるので，ねじれに対する弾性として伝わるＳ波よりも速く伝わるので「Ｐ波」である。

　波は速度が変化する境界面で屈折する性質があるので，地震波は媒質（岩石）の密度の小さいほうから大きいほうへ内部に向かって伝わるときは，地震波速度は大きくなるので下図のようになりグラフは下側に凸の形（図②）になる。内部から外部へ向かって伝わるときも地震波は媒質（岩石）の密度の小さいほうから大きいほうへ内部に向かって伝わるのでグラフは（進行方向を逆向きに考えるとわかりやすい）下側に凸の形（下図②）になる。

（※光波（下図①）と地震波（下図②）は同じ波でも性質が違う）

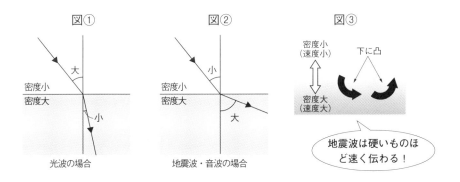

図① 光波の場合

図② 地震波・音波の場合

図③ 密度小（速度小） 下に凸 密度大（速度大）

地震波は硬いものほど速く伝わる！

ウ：「遅く」である。マントル→外核のとき，グラフはその境界で少し山型（上に凸）の変化をしているので外核のほうがＰ波が遅くなっている。マントルは外核よりも密度が大きく，アは「固体」，エは「液体」となる。（地震波は硬いものほど速く伝わる）

エ：問題の図２で103°〜143°はＰ波も伝わらない領域でシャドーゾーンであり，少し遅れて伝わるＳ波も伝わらないが，143°〜180°の領域では伝

わる地震波はP波のみでS波が伝わらないことから外核は「液体」となる。

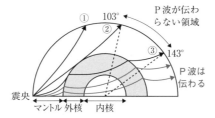

解答 4

4 地震に関する記述として，妥当なのはどれか。

1．地震が発生した場所を震央，震央の真上の地表点を震源，震央から震源までの距離を震源距離という。

2．S波による地震の最初の揺れを初期微動といい，最初の揺れから少し遅れて始まるP波による大きな揺れを主要動という。

3．地震による揺れの強さを総合的に表す指標を震度といい，気象庁の震度階級は，震度0から震度7までの10階級となっている。

4．地震の規模を表すマグニチュードは，1増すごとに地震のエネルギーが10倍になる。

5．海洋プレートが大陸プレートの下に沈み込む境界面をホットスポットといい，その付近では巨大地震が繰り返し発生する。

（特別区I類・26年度）

解説 1．震央とは，震源から地表に最も近い真上の地点であり，地震が発生した場所が震源である。震源と観測者の距離を震源距離という。

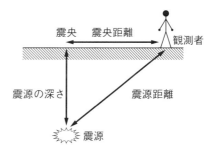

2．地震の最初の揺れはS波ではなくP波なので誤り。初期微動から少し遅れて始まる主要動を起こすのはS波である。

3．正しい。揺れの程度を0〜7の10段階で表すのが「震度」，地震の放出するエネルギー（規模）を表すのが「マグニチュード（M）」である。

4．マグニチュードの値が1増すごとに地震のエネルギーが約32倍になるので誤り。2増すと約32^2倍≒1000倍となる。

5．海溝側から大陸側に向かって深くなる境界面（深発地震面）を発見者の名前にちなんで和達－ベニオフ面といい，マントルから高温物質が上昇するためにできるマグマの供給源ホットスポットとは違うので誤り。

解答 3

5 地球の内部構造に関する記述として，妥当なのはどれか。

1．地殻は大陸地殻と海洋地殻とに分けられ，厚さは海洋地殻の方
　が厚いが，岩質は同一である。

2．モホロビチッチ不連続面は，マントルと核との境の面であり，
　その面を境に地震波の速度は急に減少する。

3．マントルは，地殻と核との間の層であり，核に比べて密度が大
　きく，その主な成分は鉛である。

4．核には地下約5,100kmで地震波の速度が急に増加する不連続面
　があり，核はこの面を境に外側の外核と内側の内核とに分けられ
　る。

5．地球内部の温度は，地下約2,900kmまでは 1 km深くなるごとに
　平均約3℃の割合で高くなるが，その後は地球の中心までほぼ一定
　である。
　　　　　　　　　　　　　　　　　　　　　　　　（地方初級・22年度）

解説 1．地殻のうち大陸地殻は玄武岩質岩石の上に花こう岩質岩石が乗っているため厚く30〜50kmであるのに対し，海洋地殻は玄武岩質岩石のみからなり薄く5〜10kmであるので誤り。大陸地殻と海洋地殻とでは岩質は異なるので同一は誤り。

2．モホロビチッチの不連続面（またはモホ面）は地殻とマントルの境界にある不連続面なので誤り。地震波の速度が変化することから構成物質や状態が異なっているとして上部を地殻，下部をマントルと名づけた。マントルと外核との境界面はグーテンベルク面である。

3．マントルは地殻と外核の間にある層は正しいが密度が核に比べて大きいは誤り。マントルの密度は3.3〜6.0g/cm^{3}であるのに対し核は外核9.5〜12g/cm^{3}で内核は17g/cm^{3}と大きい。マントルの主な成分はマントルの上部はカンラン岩（下部はペロブスカイト）である。

4．正しい。外核と内核の境界面をレーマン面という。S波は液体内を伝わらないので，2900kmより深部にS波が伝わらないことから外核は液体であると考えられており，また5100kmより深いところに，地震波が伝わらないとされていたシャドーゾーン（角距離110°付近）で弱いP波が伝わることがわかり固体の状態の内核の存在が明らかになった。

5．地下を掘って実際に温度を測ってみると100mあたり約3℃高くなっていく。この温度が高くなっていく割合を地下増温率（地温勾配）という。地温勾配100mあたり約3℃の割合で計算すると地殻の下底30km付近は約1000℃になり，岩石のある部分は溶けだしているはずだが地殻やマントルは固体の状態であることに矛盾する。実際，地温勾配100mあたり約3℃の割合が見られるのは比較的地下浅いところまでで地下30km以深では緩やかに上昇して中心温度約6000℃と推定されている。よって地球の中心までほぼ一定は誤り。

解答 4

6 A〜Dは地球の大気圏に関する記述であるが，これらを地表に近いものから順に並べたものとして最も妥当なのはどれか。

A：この気層には，オゾンの濃度が高い層があり，オゾンが紫外線を吸収して大気を暖めるため，上部ほど気温が上昇する。

B：この気層では，主に酸素分子が紫外線を吸収して気層を暖めており，非常に温度が高い。また極域では，大気の発光現象であるオーロラが現れる。

C：この気層には，下部の気層との圏界面で暖められた空気が上昇して膨張するため，上部ほど気温が低下する。

D：この気層では，雲が発生して，高温とともに気温がほぼ一定の割合で低下し，その割合は，100mにつき平均約0.6℃となっている。

1．A→C→D→B　　　2．A→D→B→C
3．D→A→B→C　　　4．D→A→C→B
5．D→B→C→A

（国家一般職［高卒］・19年度）

解説 A：成層圏についての内容である。紫外線を吸収するオゾン層は上空20～30kmのところにあり，大気を温め，温められた大気は上に上がるため上部にいくにつれて気温が上昇する。

B：熱圏についての内容である。この層では太陽放射の紫外線やX線によって窒素や酸素分子の一部が電子とプラスイオンに電離して電離層を形成している。この電離層は太陽からの紫外線やX線を吸収して大気を暖めている。高緯度地方の高度100～1000kmの範囲に発光現象であるオーロラが観測される。

C：中間圏の内容である。成層圏からの暖められた空気が上昇し膨張するため上空ほど気温は低くなる。空気の対流は起こっていないと考えられている。電離層のうちD層は中間圏にある。

D：対流圏の内容である。100m上昇するにつれ気温が約0.6℃気温が降下する気温減率がある。この層では，太陽によって暖められた空気は上昇し上空の冷やされた空気は下降して対流を起こし気象現象が見られる。

　以上からこれを地表に近いものから順番に並べると，対流圏D－成層圏A－中間圏C－熱圏Bになる。

第5位

解答 4

7 大気圏に関する次の記述A〜Dのうち，妥当なもののみを挙げているのはどれか。

A：地表から高度約10km付近の範囲を対流圏という。雲の発生や降雨のような気象現象はこの範囲で起こる。対流圏とその上を分ける境界面を圏界面（対流圏界面）という。

B：対流圏の上から高度約50km付近の範囲を成層圏という。成層圏では高度が上がるほど温度が高くなる。成層圏の内部には高度約20〜30km付近の範囲を中心にオゾンが多く含まれている層がある。

C：成層圏の上から高度約80km付近の範囲を中間圏という。中間圏では，気圧が地表の半分程度（約500ヘクトパスカル）となっている。オーロラはこの層で太陽光が屈折することによって起きる現象である。

D：中間圏の上から高度約500km付近の範囲を熱圏という。熱圏の最上部では低温であるが，高度が下がるに従って高温となる。これは大気が太陽熱を徐々に取り込むことによる。

1．A，B   2．A，C   3．A，D

4．B，C   5．B，D

（国家一般職［高卒］・24年度）

解説 A．正しい。地表から11kmまでを対流圏といい気象現象が見られる。気温減率もみられ上空ほど気温は低くなる。地上から高度10kmまでで地球全体の大気の約75%を占めている。

B．正しい。高度11～約50kmまでを成層圏といい，気象現象は見られない。成層圏の温度は上部にあるオゾン層が紫外線を吸収するため，下部で約−60℃の気温が20kmより上空では0℃～10℃まで気温は上がる。

C．気圧が半分程度になるのは，対流圏で成層圏での気圧はすでに10分の1程度にまで低下しているので誤り。オーロラが観測されるのは熱圏であり，太陽光の屈折で起きる現象はないので誤り。太陽風（太陽放射の荷電粒子の流れ）が大気中の原子・分子に衝突してエネルギーが高められ元に戻るときに発光する現象である。

D．中間圏の上，上空80～500kmの範囲を熱圏というのは正しい。熱圏では太陽放射の短波長の電磁波（紫外線）や，磁気圏で加速された電子のもつエネルギーを吸収するため温度は上空ほど高くなる。地表から上空400kmにある宇宙ステーションが飛んでいる場所では1000℃といわれている。

第**5**位

解答 1

8 地球表面のプレートに関する記述として，妥当なのはどれか。

1. プレートの生まれるところには大規模な地形ができ，大西洋の中央部や東太平洋の海底には，トラフと呼ばれる大山脈がある。

2. 2つのプレートが近づく境界の海底に，一方のプレートが他方のプレートの下に沈み込んでできた大きなくぼんだ地形をフォッサマグナという。

3. 太平洋プレートとフィリピン海プレートが沈み込む境界に平行に火山列が走っており，火山列の後面につくられた境界を活断層という。

4. ヒマラヤ山脈は，インド・オーストラリアプレートとユーラシアプレートのトランスフォーム断層によってできたものである。

5. 日本列島は，ユーラシアプレート，北アメリカプレート，太平洋プレート及びフィリピン海プレートの4つのプレートの境界付近に位置している。

(特別区Ⅰ類・22年度)

解説 1. プレートが生まれるところは「海嶺」である。そこには大規模な海底山脈ができている。また，プレートが沈み込む場所で最深部が6000m以上ある場合を「海溝」といい，最深部の深さが6000mに満たない場合に「トラフ」という。つまり「トラフ」(舟状海盆ともいう) とは細長い凹地のことで大山脈でないのでは誤り。

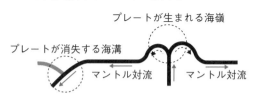

プレートが生まれる海嶺
プレートが消失する海溝
マントル対流　マントル対流

※プレートは海嶺で生まれ，海溝で消失する！

2. プレートどうしが衝突して一方が他方の下に沈み込んでできるのが，海溝やトラフでありフォッサマグナとは違うので誤り。フォッサマグナは中部日本を南北に切る地帯で，まわりよりも低い地形になっていて大地溝帯

を形成している。地溝とは正断層でできる峡谷の形状をした溝（低くなった部分）のこと。高くなった部分は「地塁」という。

3．海溝の西側にある海溝と平行に走ったラインを火山前線または火山フロントという。火山前線より右側には火山はできない。この火山列と活断層とは関係ないので誤り。

4．プレートに乗って移動してきた陸地が大きい場合に密度の小さな大陸地殻は地下に沈み込むことができず大陸同士が衝突する。ヒマラヤ山脈は，南極大陸と分離して北上してきたインド亜大陸とユーラシア大陸とが衝突してできたものなので誤り。インド半島となった後も北上を続けておりヒマラヤ山脈の高まりを作り続けている。同様にアルプス山脈はユーラシア大陸とアフリカ大陸の衝突によって作られたもの。トランスフォーム断層（下図）とは，中央海嶺の軸がずれていて断層でつながっている。この断層の両側で互いに反対方向にずれた横ずれ断層のことである。

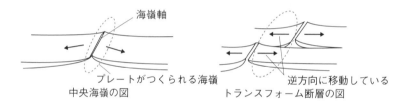

中央海嶺の図　　　トランスフォーム断層の図

5．正しい。日本を取り巻くプレートはユーラシアプレート・北米プレート・太平洋プレート・フィリピン海プレートの4つである。

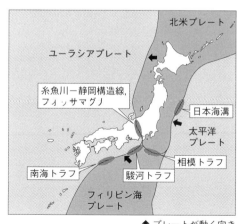

 5

第6位

物質の性質

・・・・・・・・・・・・・・・・・・・・・・・・・・・・・・

出題科目：化学

化学が苦手な受験生，高校から化学を選択していない受験生でも覚えれば簡単に得点できるので，「物質の性質」を取り上げる。

よく出る度（上級）	★★★
よく出る度（初級）	★★★
カンタン度	★★

第6位 物質の性質

ココがポイント！

公務員試験に出題されている化学の問題の中で，化学が苦手な受験生，高校から化学を選択していない受験生でも覚えれば簡単に得点できる「物質の性質」を中心にここでは取り上げる。

 これは覚えよう！

【元素】

○同じ元素だが性質の異なるものを同素体という。この同素体を持つ元素は硫黄S，炭素C，酸素O，リンPの4つである。硫黄Sには斜方硫黄・単斜硫黄・ゴム状（無定形）硫黄の3つがあり，炭素Cには黒鉛（グラファイト）・ダイヤモンド・フラーレン（第3の炭素でサッカーボール状）があり，酸素Oには酸素O_2・オゾンO_3があり，リンPには黄リン・赤リン（安定）がある。

【気体の性質】

○色については，黄緑色の気体が塩素Cl_2，赤褐色の気体が二酸化窒素NO_2である。

○臭いについては，刺激臭がある気体は塩素Cl_2，アンモニアNH_3，塩化水素HCl，二酸化硫黄SO_2，二酸化窒素NO_2である。刺激臭ではないが腐卵臭は硫化水素H_2S，特異臭がオゾンO_3である。

○水への溶け方については，非常によく溶けるのがアンモニアNH_3，塩化水素HClで次に溶ける気体が塩素Cl_2，二酸化窒素NO_2，二酸化硫黄SO_2，硫化水素H_2Sである。水に少し溶けるのは二酸化炭素CO_2である。

○有毒な気体としては塩素Cl_2，一酸化炭素CO，アンモニアNH_3，塩化水素HCl，二酸化窒素NO_2，二酸化硫黄SO_2がある。

【金属元素】

○アルミニウム Al は単体でアルミ缶やアルミ箔として利用されているが化合物としてもアルミニウム Al と銅 Cu 合金であるジュラルミンは軽くて丈夫なので航空機などに利用されている。

○亜鉛 Zn は電池の極として用いられるほか鋼板に亜鉛でメッキしたトタン板として利用されている（鉄には固くてもろい銑鉄と弾性に富んで丈夫な鋼に分けられる）。

○スズ Sn は，鉛とスズの合金であるはんだに利用されている。また鋼板をスズめっきしたブリキなどは玩具，缶詰などに使われている。

○鉛 Zn は，鉛とスズの合金であるはんだ，鉛蓄電池の電極，放射線遮蔽材，釣りなどのおもりの材料として用いられている。

○鉄 Fe は，大部分が外核と内核にある。鉄鉱石の主成分は酸化鉄で，赤さびの成分である赤鉄鉱（Fe_2O_3），黒さびの成分である磁鉄鉱（Fe_3O_4）である。

○銅 Cu は，水と二酸化炭素でゆっくり反応させると青緑色のさびの緑青（ろくしょう）になる。また，金管楽器や装飾具に使われる真鍮（しんちゅう）は銅と亜鉛の合金で黄銅と呼ばれる。ブロンズといわれるのは青銅で，スズと銅の合金である。

○銀 Ag は，熱伝導は金属中最大である。化合物である塩化銀 AgCl は感光性があり光が当たると黒変する。銀は銀イオンとしての殺菌作用，写真の感光剤，装飾品，食品の装飾（アラザン，仁丹など）として広く利用されている。

○金 Au は，全金属中イオン化傾向（イオンになりやすさの順）は最小で反応性が低い。そのため単体として産出される。装飾具のほかコンピューターなど幅広く利用されている。

【酸と塩基】

○酸とは水溶液中で水素イオン H^+ を生じる物質のことで，酸っぱい味，卑金属（金・銀・銅・水銀・白金以外）と反応して水素を発生する，BTB（ブロモチムールブルー）液を黄変させる，青色リトマスを赤変させる，塩基性を打ち消すなどの性質がある。水素イオン濃度（pH）は7より小さい。

強酸（水溶液中でほとんど電離するもの）としては塩酸HCl，硫酸
H_2SO_4，硝酸HNO_3である。

○塩基とは水溶液中で水酸化物イオンOH^-を生じる物質のことで，苦い味，
タンパク質を溶かすのでぬるぬるする，BTB（ブロモチムールブルー）液
を青変させる，赤色リトマスを青変させる，フェノールフタレイン液を赤
変させる，酸性を打ち消すなどの性質がある。水素イオン濃度（pH）は
7より大きい。強塩基（水溶液中でほとんど電離するもの）は水酸化ナト
リウム$NaOH$，水酸化カリウムKOH，水酸化カルシウム$Ca(OH)_2$，水酸
化カルシウム$Ca(OH)_2$である。

【炎色反応】

○アルカリ金属やアルカリ土類金属，銅などの金属を炎の中に入れると各金
属元素特有の色を呈する反応のことで，リチウム（赤），ナトリウム（黄
色），カリウム（紫），銅（緑），カルシウム（橙），ストロンチウム（紅），
バリウム（緑）である。

【モルを用いた量的計算問題】

○原子のように軽い粒子でもいくつかまとめて量ると○g，○kgという量に
なる。このようにして考えられたのが1モルという量である。具体的には
標準状態（0℃・1気圧のこと）においては，原子1モルの中には6.02×10^{23}個（これをアボガドロ数という）の原子が含まれている。

モル数＝質量（g）÷分子量（原子量）で計算する

○量的計算問題の場合，まず化学反応式を書いて係数を調べる。次に求めた
反応式の係数比から係数比＝モル比＝体積比＝分子数比であることを使っ
て反応式の下に書く。次に，求める量を，比例式を立てて解く。

過去問にチャレンジ 基本レベル

1 次の炎色反応における元素と炎の色の組合せとして，妥当なのはどれか。

元素	炎の色
1．Li	青緑
2．Na	黄
3．Ca	緑
4．Sr	黄緑
5．Cu	赤紫

(東京都Ⅰ類B・27年度)

解説 炎色反応とは，アルカリ金属やアルカリ土類金属，銅などの塩を炎の中に入れるとそれぞれの金属元素特有の色を呈する反応のことで，花火の着色にも利用されている。公務員試験では次の内容で7種類を覚えておけば大丈夫である。

> 炎色反応を
> 覚えるためのゴロ合わせ
>
> リ ヤカー 無 き ケイ 村，動 力 借りよう と する も
> Li 赤 Na 黄 K 紫 Cu 緑 Ca 橙 Sr
> 貸して くれない。馬 力 でやろう。
> 紅 Ba 緑

正しい組合せは，
1．Li（リチウム）＝赤色
2．Na（ナトリウム）＝黄色 →正しい。
3．Ca（カルシウム）＝橙色
4．Sr（ストロンチウム）＝紅色
5．Cu（銅）＝緑色

解答 2

2 物質の構成に関する記述として，妥当なのはどれか。

1．1種類の元素からできている純物質を単体といい，水素，酸素およびアルミニウムがその例である。

2．2種類以上の元素がある一定の割合で結びついてできた純物質を混合物といい，水，塩化ナトリウムおよびメタンがその例である。

3．2種類以上の物質が混じり合ったものを化合物といい，空気，海水および牛乳がその例である。

4．同じ元素からできている単体で，性質の異なる物質を互いに同位体であるといい，ダイヤモンド，フラーレンは炭素の同位体である。

5．原子番号が等しく，質量数が異なる原子を互いに同素体であるといい，重水素，三重水素は水素の同素体である。

(東京都Ⅰ類B・30年度)

解説 1．正しい。物質は純物質と混合物に分類され，純物質はさらに，1種類の元素からなるものを単体，2種類以上の物質からなるものを化合物としている。水素H，酸素O_2，アルミニウムAlのように1種類の元素からできているので単体になる。

2．2種類以上の物質がある一定の割合で結びついてできたものは混合物ではなく化合物なので誤り。

3．2種類以上の純物質（単体・化合物）が混じり合ったものは化合物ではなく混合物であるので誤り。空気，海水，牛乳のほかに食塩水（食塩は化合物だが水が混じった食塩水は混合物）インク，石油，塩酸（塩化水素が水に溶けたもの），希硫酸がある。

4．同じ元素からなる物質で性質が違うものは同位体ではなく同素体なので誤り。同素体には硫黄S，炭素C，酸素O，リンPの4つがある。同位体とは同じ元素だが中性子数が異なるために質量数が異なるものをいう。

5．原子番号が等しく質量数が異なる原子は同素体ではなく同位体なので誤り。水素^1H，重水素^2H，三重水素^3Hは水素の同位体である。

解答 1

> **3** 気体の性質に関する次の記述のうち，正しいものはどれか。
>
> 1．水素は，無色無臭の気体で，水に溶けやすく，助燃性が高い。その助燃性を生かし，燃料電池などに利用されている。
>
> 2．二酸化炭素は，無色無臭の水に溶けにくい気体で，点火すると酸素と爆発的に反応する。
>
> 3．酸素は，無色無臭の気体で，空気中の約20％を占める。さまざまな物と結びついて，酸化させる。
>
> 4．窒素は，無色無臭の非常に有毒な気体で，水に溶けにくい。冷えると冷却効果のある物質になる。
>
> 5．アンモニアは，無色無臭の気体で，水に非常によく溶けて強塩基性を示す。捕集方法は，上方置換が適している。
>
> （市役所Ｃ日程・20年度）

解説 1．水素は無色無臭の気体は正しいが水には溶けにくいので誤り。また助燃性が高いは誤りで，「可燃性が高い」である。

2．二酸化炭素は水に溶け炭酸水になるので誤り。これは水素の説明である

3．正しい。無色無臭の気体で助燃性があり多くの物質と反応して酸化物をつくる。

4．窒素は無色無臭の気体で空気中の約80％を占めており無毒であるので誤り。水に溶けにくく高温下では冷却効果がある。それは，窒素分子は常温・常圧では不活性だが高温下では窒素分子と酸素分子が結合して一酸化窒素NOになる。そのとき，外部から熱をもらう（吸熱する）ので窒素分子には冷却効果があるといえる。

5．アンモニアは無色刺激臭の気体である。水によく溶けるため上方置換で捕集するは正しいが，アンモニアは弱塩基であるので誤り。

解答 3

第**6**位

4 次のA～Dは，金属の性質を示したものである。A～Dの金属の名称を示した組合せとして，正しいのはどれか。

A．軽くて丈夫なジュラルミンの主成分であり，航空機などに用いられる。

B．室温で液体の金属である。有毒であるが，温度計や蛍光灯に用いられる。

C．熱や電気をよく伝えるので，電線に用いられる。さびると緑青を生じる。

D．炎色反応は赤色を示し，携帯機器の二次電池の素材としても利用される。

	A	B	C	D
1.	アルミニウム	水銀	金	リチウム
2.	アルミニウム	水銀	銅	リチウム
3.	アルミニウム	鉛	金	カリウム
4.	鉄	鉛	銅	リチウム
5.	鉄	鉛	金	カリウム

（市役所C日程・26年度）

解説 A：アルミニウムである。ジュラルミンは，アルミニウムに銅・マグネシウムを混ぜた合金で，軽くて丈夫なため航空機材や建築資材に用いられている。

B：水銀である。室温（常温）で液体の金属は水銀のみ。水銀単体の蒸気は有毒であるが，温度計，蛍光灯など使用用途は広い金属である。

C：銅である。熱・電気の良導体である金属で，電線に用いられるのは銅である。銅は，金属の中でも銀＞銅＞金＞アルミニウム＞マグネシウムのように2番目に電気をよく通す金属で，銅が酸化されて生じた青緑色のさびが緑青（ろくしょう）である。

D：リチウムである。リチウムの炎色反応は赤色。リチウムイオン電池は小型で大きな電力を取り出せるため携帯電話のバッテリーに利用される。

解答 2

5 窒素と水素を　　X　　molずつ用意し，どちらか一方の気体がなくなるまで反応させると，アンモニアが6mol発生し，最初の気体のうち残ったのは　　Y　　molの気体である。このとき，XとYに入る数値の組合せとして，妥当なのは次のうちどれか。

	X	Y
1.	3	1
2.	6	2
3.	6	3
4.	9	3
5.	9	6

（市役所B日程・27年度）

解説 窒素（N_2）と水素（H_2）からアンモニア（NH_3）を発生する化学反応式は次のとおり。

$$N_2 \ + \ 3H_2 \ \rightarrow \ 2NH_3$$

係数比 **1 : 3 : 2**

mol比 　1 : 3 : 2

↓ 　　　↓ 　　　↓

3mol　　9mol　　6mol

 ポイント

反応式の係数比＝mol比＝
体積比＝分子数比＝分圧比

　アンモニアを**6mol**生じさせるには，H_2は必ず**9mol**必要なので，最初に用意した窒素と水素は**9mol**とわかる。

　水素**9mol**は全部使うが窒素は**9mol**用意したうち**3mol**しか使わないので残った気体は窒素が**9−3＝6mol**となる。

解答 5

第**6**位

6 メタン8.0gが完全燃焼するときに生成する水の物質量として，正しいのはどれか。ただし，メタンの分子式はCH_4，分子量は16とする。

1．0.5mol

2．1.0mol

3．1.5mol

4．2.0mol

5．2.5mol

（東京都Ⅰ類B・28年度）

解説 量的な計算問題では基本的に次のステップを踏めば解ける。

Step1 化学反応式を書いて係数を決める（中学程度の反応式で十分である）

Step2 Step1でわかった反応式の係数比を基に係数比＝**mol**比＝体積比＝分子数比＝分圧比であることを使って反応式の下に比で書く

Step3 問題が聞いている量を比例式を作って求める

Step1 メタン（CH_4）が燃焼する反応式をつくる

$$CH_4 + 2O_2 \rightarrow CO_2 + 2H_2O \cdots\cdots ①$$

Step2 反応式①の係数比が1：2：1：2と読める

$$1CH_4 + 2O_2 \rightarrow 1CO_2 + 2H_2O \quad \boxed{有機化合物＋酸素→二酸化炭素＋水}$$

係数比	1	:	2	:	1	:	2
mol比	1	:	2	:	1	:	2

これでメタン1molから生成する水は2molであることがわかる。

メタン8.0gのmol数を求めるが，mol数＝質量g÷分子量なので8g÷16＝0.5molになる。メタン1molから生成する水は2molであるから，メタン0.5molから生成する水は，その2倍の1molである。

解答 2

第**7**位

力学

出題科目：物理

> 物理で頻出なのが力学，特に力のつりあいである。苦手な受験生が敬遠することが多いが，中学レベルの解法でシンプルに答えを出せる問題も非常に多いので，あきらめるのは実にもったいない。

よく出る度（上級）	★★★★★
よく出る度（初級）	★★★★★
カンタン度	★★★

第**7**位 力学

ココがポイント！

公務員試験の物理で出題数の多いテーマが「力のつりあい」「運動」「エネルギー」などの力学である。物理が苦手だという受験生も中学理科1分野のレベルで簡単に解ける問題がたくさん存在していることを知っておこう。そしてその問題だけを狙い撃ちにすれば十分である。

 これは覚えよう！

【力の基本事項】

○力の大きさはニュートン（記号N）という単位を使って表す。1 Nは約100gの物体にはたらく地球の重力の大きさと等しい。よって400gの梨の重さは4 N，110gのスマートフォンの重さは1.1N，体重60kgの人の体重は600Nとなる。

○圧力とは触れ合った面の単位面積（1 m²や1 cm²）当たりに働く力の大きさのことでパスカル（Pa）や（N・m²）という単位を用いて表す。圧力（Pa）＝力の大きさ（N）÷力を受ける面積（m²）で求めることができる。たとえば500gの重さの物体を床に置いたとき，床と接している面積が200cm²の場合，圧力は5 N÷0.02m²＝250Paとなる。

○てこのつりあい問題では左回りの力×支点からの距離＝右回りの力×支点からの距離で解く。この関係式より（力）×（距離）＝（一定）であるから力と距離とは反比例しているのでが逆比を使えば簡単に解ける。

○斜面のつりあい問題では，斜面を滑り降りる力＝重力×$\dfrac{高さ}{斜辺}$で求めることができる。

○速さが変化する運動（等加速度運動）の問題では，速度をV（m/s），初速度をV_0（m/s），加速度（速度の変化率）をa（m/s²），時間をt（s），距離（変位）をX（m）とおくと，

速度を求める公式　$V = V_0 + at$

位置を求める公式　$X = V_0 t + \dfrac{1}{2} at^2$

位置と速度の公式　$V^2 - V_0^2 = 2\,aX$

に問題の数値をあてはめて解く。

【力学的エネルギー】

○エネルギーとは他の物体に力を加えて動かすことができる能力のことである。単位はジュール（記号J）を用い，1Jは1Nの力で物体を1m動かすことができるエネルギーである。われわれの身の回りにおよそ100gのものを探すと携帯電話・みかん・ホッチキスなどがある。たとえば，みかん1個を右手に持って1m離したところに左手をおき，左手にみかんを落としてみると左手に受ける衝撃が1Jの感覚であることが体験できる。

○高いところにある物体が持つエネルギーを位置エネルギーという。位置エネルギー（J）＝物体にはたらく重力の大きさ（N）×基準面からの高さ（m）で求めることができる。

○運動している物体が持つエネルギーを運動エネルギーという。運動エネルギーは物体の重さ×物体の速さ^{2}に比例する。

○位置エネルギーと運動エネルギーを合わせて力学的エネルギーという。力学的エネルギーのそれぞれが増減しても，力学的エネルギーの和は変わらないという関係を力学的エネルギー保存の法則という。

1 同じ重さのおもりをつけた長さ **3d** の棒が天井からヒモでつるされ，図Ⅰ・図Ⅱのように水平を保って静止している。このとき，$\dfrac{F_B}{F_A}$ の値は，次のうちどれになるか。

なお，棒の重さは無視できるものとする。

1. $\dfrac{1}{3}$

2. $\dfrac{1}{2}$

3. $\dfrac{2}{3}$

4. 1

5. $\dfrac{3}{2}$

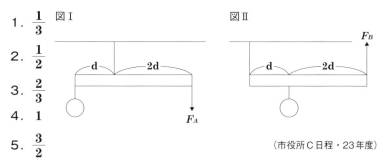

（市役所Ｃ日程・23年度）

解説 小学校の理科で用いる「てこのつりあい」のところで学習した左右の力のモーメントが等しいとして解く。モーメントとは，ここでは力×支点からの腕の長さの積と考える。

> 左回りの力×支点からの距離＝右回りの力×支点からの距離

力と距離（腕の長さ）は積が等しいので反比例しており，逆比になっていることを使う。

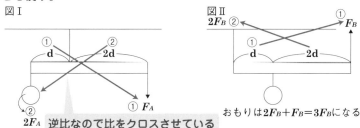

おもりは $2F_B + F_B = 3F_B$ になる

図Ⅰのおもりは $2F_A$，図Ⅱのおもりは $3F_B$ であることがわかる。おもりの重さは図ⅠもⅡも同じであるので $2F_A = 3F_B$　$\dfrac{F_B}{F_A} = \dfrac{2}{3}$ となる。

解答 3

2 次は，物体に加える力がする仕事に関する記述であるが，A，B，Cに当てはまるものの組合せとして最も妥当なのはどれか。

ただし，重力加速度の大きさを$10m/s^2$とする。

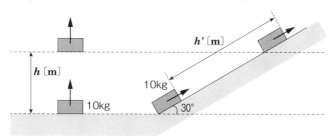

「図のように，10kgの物体をある高さh〔m〕までゆっくりと引き上げることを考える。傾斜角30°の滑らかな斜面に沿って物体を引き上げる場合，物体を真上に引き上げる場合に比べて，必要な力を小さくすることができるが，物体を引き上げる距離は増加する。

このとき，物体を真上に引き上げたときの仕事W及び斜面に沿って引き上げたときの仕事W'は，それぞれ次のように表すことができ，$W=W'$となる。

$$W = \boxed{\quad A \quad} 〔N〕 \times h 〔m〕$$

$$W'= \boxed{\quad B \quad} 〔N〕 \times h' 〔m〕$$

また，図の斜面の傾斜角を60°とすると，斜面に沿って物体を引き上げるのに必要な力は，$\boxed{\quad C \quad}$〔N〕となる。

このように斜面を用いることで，必要な力の大きさを変化させることができるが，仕事は変化しない。」

	A	B	C
1.	100	50	$50\sqrt{2}$
2.	100	50	$50\sqrt{3}$
3.	100	$50\sqrt{2}$	$50\sqrt{3}$
4.	200	100	$100\sqrt{3}$
5.	200	$100\sqrt{2}$	$100\sqrt{3}$

（国家一般職［大卒］・28年度）

第**7**位

解説 物体を真上に引き上げたときの仕事 W を次の公式で求める。

公式　　W（仕事）$=F$（力）$\times x$（力の方向に動いた距離）

$W=10\text{kg}重\times h$（m）であるが，本問は力の単位が（N）になっているので，100gの重さ$=1\text{N}$より，10kgの重さ$=10000\text{g}$の重さ$=100$（N）になる。

よって，W（J）$=100$（N）$\times h$（m）となるのでAには，**100** が入る。

次に物体を斜面に沿って引き上げたときの仕事 W' を考える。斜面を引き上げていくときは斜面を滑り降りる力に対抗する同じ力で斜面方向を引き上げなくてはならないので次の公式を利用して求める。

斜面を滑り降りる力は，物体の重さ$\times\dfrac{高さ}{斜辺}$で求まる。

この場合，斜面の傾斜角が30°なので次の図を用いて $1:2:\sqrt{3}$ の三角比を用いる。

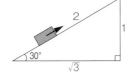

斜面方向に沿って引き上げる力＝斜面方向を滑り降りる力$=100\text{N}\times\dfrac{1\,（高さ）}{2\,（斜辺）}=50$（N）になるので $W'=50$（N）$\times h'$（m）となるのでBには **50** が入る。

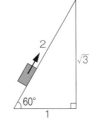

さらに傾斜角が60°になると

斜面方向の力$=100$（N）$\times\dfrac{\sqrt{3}}{2}=50\sqrt{3}$（N）が必要になりCには $50\sqrt{3}$ が入る。

解答 2

※A，B，Cの3つの場合は物体を引き上げる方法は違っているが仕事量は全部同じになる。これを「仕事の原理」という。

三角比の数値を引き上げる長さと考えてみよう。

Aの場合の仕事量$=100$（N）$\times 1$（m）$=100$（J）

Bの場合の仕事量$=50$（N）$\times 2$（m）$=100$（J）

Cの場合の仕事量は高さが $\sqrt{3}$ のときが $50\sqrt{3}$（N）$\times 2$（m）$=100\sqrt{3}$（J）なので高さ1では $\sqrt{3}$ で割ると 100（J）となる。

3 下の図のように，物体に 3 本のひもをつなぎ，ばねばかりで水平面内の 3 方向に引き，静止させた。ひも A，B，C から物体に働く力の大きさをそれぞれ F_A，F_B，F_C とするとき，これらの比として，正しいのはどれか。

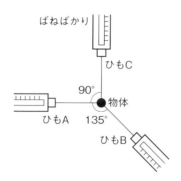

$$F_A \ : \ F_B \ : \ F_C$$

1.　1　：　1　：　1
2.　1　：　$\sqrt{2}$　：　1
3.　1　：　$\sqrt{2}$　：　2
4.　1　：　2　：　1
5.　$\sqrt{2}$　：　1　：　$\sqrt{2}$

（東京都Ⅰ類B・令和2年度）

第**7**位

解説 2行目に「静止させた」とあるので，これが"力のつりあいで解きなさいという合図"になる。

中学理科1分野で習った「3力のつりあい」の解き方（3力のうち2力を合成したものと残りの力が2力のつりあいになっていると考える）で解く。

本問では，ひもAとCにかかる2力が90°なので，この2力を平行四辺形の法則（2力を平行四辺形の隣り合う2辺としたときの対角線が合力である）で合成してその合力がひもBにかかる力とつりあっているので下図のように作図して求める。下図のようにBにかかる力を逆向き（左上）に引いた力をAとC方向に分解してもよい。

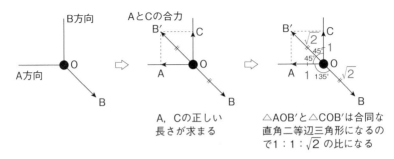

A，Cの正しい
長さが求まる

△AOB′と△COB′は合同な
直角二等辺三角形になるの
で1：1：$\sqrt{2}$ の比になる

解答 2

4 次の文章の空欄ア～ウに当てはまる語句又は式の組合せとして，正しいのはどれか。

　下図のように，滑らかな曲線上の地点**A**において小球から静かに手を離すと，小球は降下し，最下点**B**を通過するとき，小球の位置エネルギーは ア ，運動エネルギーは イ となり，そのときの小球の速さは，基準面から地点**A**までの高さを*h*，重力加速度を*g*とすると ウ で表される。ただし，小球の大きさ，曲面上の摩擦及び空気抵抗は無視する。

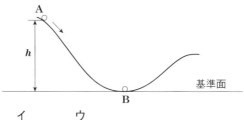

	ア	イ	ウ
1.	最大	ゼロ	$\sqrt{gh}$
2.	最大	ゼロ	$\sqrt{2gh}$
3.	最大	ゼロ	$2\sqrt{gh}$
4.	ゼロ	最大	$\sqrt{gh}$
5.	ゼロ	最大	$\sqrt{2gh}$

（東京都Ⅰ類B・28年度）

第**7**位

解説 力学的エネルギー及び力学的エネルギー保存の法則を使って計算していく。用いる公式は次の式である。

位置エネルギー*E*〔J〕＝質量*m*〔kg〕×重力加速度*g*〔m/s²〕×高さ*h*〔m〕

運動エネルギー*E*〔J〕＝$\dfrac{1}{2}$×質量*m*〔kg〕×（速さ*v*〔m/s〕)²

　力学的エネルギー保存の法則とは，位置エネルギー＋運動エネルギー＝一定つまり

　　$mgh + \dfrac{1}{2}mv^2 = $一定　である。

これだけ覚えていればアについては，地点**A**において小球から静かに手を離すとあるので小球が動いていない。このとき小球が持っている力学的エネルギーは位置エネルギーのみである。小球の質量をmとすると地点**A**での位置エネルギーは高さが最高なので最大になっており，位置エネルギー＝mgh……①である。

　地点**B**は，**A**とは逆に高さが基準面で0になって位置エネルギー＝0であり，速さが最大になる地点つまり運動エネルギーが最大の地点である。つまり地点**A**で持っていた位置エネルギーがすべて運動エネルギーに変わったことになる。

地点**B**での運動エネルギー＝$\dfrac{1}{2}mv^2$……②である。

　そのときの小球の速さVを求めるには，地点**A**で持っている位置エネルギー＝地点**B**で持っている運動エネルギーであるから，力学的エネルギー保存の法則より①，②を用いて

$$\frac{1}{2}mv^2 = mgh$$

$$\frac{1}{2}v^2 = gh$$

$$v^2 = 2gh \qquad \therefore v = \sqrt{2gh}\ (\because v>0)$$

解答 5

過去問にチャレンジ 応用レベル

⑤ ある自動車が停止状態から等加速度直線運動をしたところ，停止状態から4.00秒で50.0m進んだ。このとき，自動車の加速度はいくらか。

なお，停止状態からの等加速度直線運動における時刻tと速度vの関係を図の直線として表したとき，時刻$t=t_1$までに進んだ距離は網掛けされた三角形の面積で示される。

1. 2.50 m/s^2
2. 5.00 m/s^2
3. 6.25 m/s^2
4. 12.5 m/s^2
5. 25.0 m/s^2

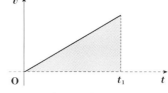

（国家専門職［大卒］・28年度）

解説 本問は等加速度直線運動（速さが変化する運動）をしたとあるので，等加速度直線運動の公式を使って解く。覚えておくのは下記の公式である。

速度を求める公式　$v = v_0 + at$

位置を求める公式　$x = v_0 t + \dfrac{1}{2} at^2$

位置と速度の関係公式　$v^2 - v_0^2 = 2ax$

　　v…t秒後の速度〔m/s〕　　v_0…初速度〔m/s〕

　　a…加速度〔m/s²〕　　t…観測時間〔s〕

　　x…変位（基準点からの距離）〔m〕

停止状態からスタートしているので初速度 $v_0 = 0\text{m/s}$ である。また4秒後の距離が$50m$とわかっているので $x = v_0 + \dfrac{1}{2} at^2$ の公式を用いる。

条件の$v_0 = 0$ m/s, $t = 4$ s, $x = 50$m を代入すると

$$50 = 0 \cdot 4 + \frac{1}{2} a \cdot 4^2$$

これを解いて　　$8a = 50$　　　　　$a = \dfrac{50}{8} = \dfrac{25}{4} = 6.25 \text{ m/s}^2$

解答 3

第 **8** 位

ヒトの器官

出題科目：生物

ヒトの消化と吸収・感覚器官など，学習しやすいテーマである。学習すれば，ただちに得点源となるだけに，失点しないよう把握したい。

よく出る度（上級）	★★★
よく出る度（初級）	★★★★
カンタン度	★★★★★

第8位 ヒトの器官

ココがポイント！

ヒトの栄養素・栄養分の消化と吸収・感覚器官などは，中学校でも理科2分野として学習しており，なじみのあるテーマである。公務員試験で出題されるレベルまで学習すれば，ただちに得点源となる箇所である。

 これは覚えよう！

【栄養素】

○特に大量に必要とする栄養素を三大栄養素といい炭水化物・タンパク質・脂肪をさす。この3種類に生活に必要な無機塩類（ミネラル）とビタミンの2種類を加え五大栄養素ということもある。

○炭水化物（糖質）とは炭素C，水素H，酸素Oからなる化合物でエネルギー源として重要な物質である。ブドウ糖（グルコース）・果糖（フルクトース）などを単糖類，ショ糖（スクロース）・麦芽糖（マルトース）などを二糖類，デンプン・グリコーゲン・セルロースなどを多糖類という。

○タンパク質とは炭素C，水素H，酸素Oのほかに窒素Nや硫黄Sを含み約20種類のアミノ酸（うち8種類がヒトの必須アミノ酸）が多数結合（ペプチド結合）してできている。70％を占める水を除くと細胞の主成分はタンパク質（16.5％）である。タンパク質は酵素の本体であり核酸と結びついて染色体を形成しており，脂質と結びついて生体膜を構成している。

○脂肪は炭素C，水素H，酸素Oからなる化合物であるが炭水化物より酸素Oが少なくリンP，窒素Nを含むものもある。リン脂質は細胞膜をはじめとする生体膜の成分として重要である。貯蔵のできるエネルギー源として重要な物質である。三大栄養素の中で細胞に含まれる割合はタンパク質についで二番目に多い。水（70％）＞タンパク質（16.5％）＞脂肪（6％）＞炭水化物（3.5％）の順になる。

【消化と吸収】

○栄養分が細胞膜を通り抜けるくらいの小さな分子に分解することを消化という。消化には口でかんだり，胃・腸などのぜん動運動や分節運動のような機械的消化と，消化酵素による化学的消化がある。

○炭水化物はだ液中に含まれる消化酵素（アミラーゼ）によって麦芽糖になり，さらに腸液に含まれる消化酵素（マルターゼ）によってブドウ糖（グルコース）にまで分解され小腸壁の柔毛から毛細血管に入り肝門脈を経て肝臓に運ばれる。

○タンパク質は胃液に含まれている消化酵素（ペプシン）によってペプトンやポリペプチドに分解される。ペプトンはすい液に含まれる消化酵素（トリプシン）によってポリペプチドになり，すい液や腸液に含まれる消化酵素（ペプチターゼ）によってアミノ酸に分解され小腸壁の柔毛から毛細血管に入り，炭水化物同様，肝門脈を経て肝臓に運ばれる。

○脂肪はすい液に含まれる消化酵素（リパーゼ）によって脂肪酸とモノグリセリドに分解され，小腸壁の柔毛で脂肪酸とモノグリセリドは再び結合して脂肪になって毛細リンパ管に入る。このときの毛細リンパ管は脂肪粒を含むと乳濁することから乳び管とも呼ばれる。脂肪は肝門脈ではなくリンパ管（胸管）に入っていく。

【肝臓の働き】

○血中のブドウ糖（グルコース）からグリコーゲンを合成し貯蔵して血糖量を下げたり逆にグリコーゲンをブドウ糖（グルコース）に分解して血糖量を上げたりして血糖量を調節する。

○タンパク質の分解によって生じた有害なアンモニアを毒性の低い尿素に変えたり有害物質の解毒作用がある。

○脂肪の消化の手助けをする胆液を生成している。胆液は消化酵素を持たない消化液である。

○肝臓では代謝が盛んにおこなわれて多くの熱が発生するため体温の保持に役立っている。

○心臓から出た血液の４分の１が肝臓に入るので血液を貯蔵し他の器官で血液が必要になると肝臓は自分の血液量を減らして調節している。

【腎臓の働き】

○ヒトの腎臓はソラマメの形をしており両側に1対あり，外側の皮質，内側の髄質と腎うの3つからなる。皮質には腎小体（糸球体とボーマンのう）があって髄質には腎細管がつながりそれに毛細血管が取り巻いている。血液がこの糸球体を通過するとき，血球やタンパク質以外はボーマンのうでろ過される。ろ過されたものを原尿（ヒトの場合，1日約170L）といい，原尿の99%は腎細管で再吸収される。

○体内の水分が不足して血液の浸透圧（水分を引き込む力のイメージ）が高くなると脳下垂体後葉からバソプレシンが分泌される。このホルモンによって腎細管での水分の再吸収が促進され血液中に水分を補給するので血圧は上昇し，尿量は減少する。

過去問にチャレンジ　基本レベル

1 ヒトが必要とする栄養素についての以下の文章中の下線部分に関する記述として正しいのは，次のうちどれか。

　ヒトが必要とする栄養素のうち，特に大量に摂取する必要のあるタンパク質・脂肪・炭水化物を三大栄養素という。三大栄養素は人体の_ア構成物質や_イエネルギー源として使われるが，そのまま使われるのではなく，消化という働きによって分解・吸収されたのち，_ウ呼吸のための原料や_エ人体を構成する材料となる。また，少量の摂取で足りるが体の調節作用と関係の深い_オ無機塩類とビタミンを副栄養素という。

1．ア：三大栄養素のうち，人体の構成物質として最も多いのは炭水化物である。

2．イ：三大栄養素のうち，同質量で最も多くのエネルギーを取り出せるのは炭水化物である。

3．ウ：呼吸の原料であるグルコースは水と二酸化炭素に分解されるが，その過程でエネルギーがATPの形で取り出される。

4．エ：三大栄養素は最終的には無機物質に分解されたのち，有機物質につくり変えられて人体を構成する材料になる。

5．オ：無機塩類のうち，鉄とリンはイオンとして体液中に存在し，カリウムとナトリウムは人体の体液以外部分の構成成分として存在する。

（地方上級・21年度）

解説 1. 三大栄養素の中で，人体の構成物質で最も多いのは炭水化物ではなく 16.5% を占めているタンパク質なので誤り。

2. 三大栄養素の中で，最も多くのエネルギーを取り出すことができるのは炭水化物でなく脂肪なので誤り。

3. 正しい。ごく少数の生物を除いてほとんどの生物が好気呼吸を行っている。原料として炭水化物・脂肪・タンパク質が使われるが，なかでもブドウ糖（グルコース）が一番使われ，呼吸によって二酸化炭素と水でき，発生するエネルギーにより ATP が合成される。

4. 三大栄養素は分解されて，最終的にすべて無機物質になるとは限らないので誤り。三大栄養素の一つタンパク質はアミノ酸に分解されその大部分が肝門脈から肝臓に入って肝臓細胞のタンパク質や血しょうのタンパク質に作りかえられてしまう。ほかには血液で全身に運ばれ別のタンパク質や酵素になる。余分のアミノ酸は肝臓でアンモニア（NH_3）に分解されでアンモニア（NH_3）は尿素となって体外に排出される。

5. 無機塩類（ミネラル）のうち鉄の存在場所は主にヘモグロビンで，リンの存在場所はタンパク質，核酸，ATP，骨であるので「イオンとして体液中」は誤り。またカリウムの存在場所は細胞質でナトリウムの存在場所は血しょうであるから人体の体液以外部分とは限らないので誤り。

解答 3

2 ヒトの消化管に関する以下の記述の中で，下線部ア〜エのうち妥当なもののみの組合せを選べ。

　消化管とは，口の中に入った食物の通路で，食道，胃，小腸，大腸からなる。口の中に入った食物は歯で細かくすりつぶされ，唾液と混合される。ア唾液には消化酵素は含まれないが，食物を飲み込みやすくする働きがある。食道から胃に入った食物は，胃液と混合され，消化される。イ胃液は酸性の消化液で，食物と一緒に摂取された細菌を殺す働きも持つ。小腸に入った食物は，肝臓やすい臓から分泌される消化液と混合され，本格的に消化される。小腸，大腸は，消化管の中でも特に長い器官である。小腸と大腸は，内壁における柔毛（絨毛）と呼ばれる突起の有無によって区別される。ウ柔毛が見られるのは大腸である。消化された栄養素は，小腸，大腸で吸収されるが，エ大部分が小腸で吸収され，大腸では主として水分が吸収される。

1．ア，イ　　　2．ア，ウ　　　3．イ，ウ

4．イ，エ　　　5．ウ，エ

（市役所・30年度）

解説 ア：誤り。唾液にはアミラーゼという消化酵素が含まれている。デンプンやグリコーゲンのような多糖類が麦芽糖に分解される。

イ：正しい。

ウ：誤り。柔毛が見られるのは小腸である。

エ：正しい。大部分が小腸で吸収され，大腸では主として水分が吸収される。

解答 4

第**8**位

ココが狙われる！

　小腸は，胃に続き大腸につながる消化管であり，十二指腸は小腸のはじめの部分である。小腸は十二指腸・空腸・回腸の3か所に区分される。十二指腸ではすい液と胆汁が分泌されるので，小腸ではすい液，胆汁，腸液の消化液が分泌される。

3 右の図は，尿の生成の過程を示す模式図である。腎小体で血液がろ過され，血球などの有形成分と高分子成分以外がこし出されて原尿となる。原尿の一部の成分は毛細血管で再吸収され，残りは尿として排出される。

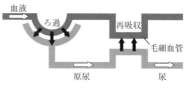

健康なヒトの血しょう，原尿，尿における主要な成分の質量パーセント濃度を調べたところ，次の表のようになった。A〜Cには，それぞれグルコース，タンパク質，ナトリウムイオンが入る。これに関する下文の空欄ア〜エに入る語句の組合せとして正しいものはどれか。

成分	血しょう（%）	原尿（%）	尿（%）
水	90〜93	99	95
A	7.2	0	0
B	0.1	0.1	0
C	0.3	0.3	0.35
尿素	0.03	0.03	2

Aは原尿に含まれていないので　ア　である。Bは原尿に含まれているが尿には含まれていないので　イ　である。Cは血しょうと尿における濃度がほとんど変わらないので　ウ　である。原尿と尿における尿素の割合から，原尿中の水はほとんど　エ　ことがわかる。

	ア	イ	ウ	エ
1	タンパク質	ナトリウムイオン	グルコース	再吸収される
2	タンパク質	グルコース	ナトリウムイオン	再吸収される
3	ナトリウムイオン	グルコース	タンパク質	再吸収されない
4	グルコース	タンパク質	ナトリウムイオン	再吸収されない
5	ナトリウムイオン	タンパク質	グルコース	再吸収される

（市役所C日程・29年度）

解説 ア：A は原尿に含まれていないので<u>タンパク質</u>である。

原尿とは腎皮質にある腎小体（糸球体とボーマンのう）で糸球体からボーマンのうにこし出されたもので，ヒトの成人の場合の原尿量は1日約170L（尿素1.5L）である。正常であればその原尿にはタンパク質と血球は含まれない。

イ：B は原尿に含まれているが尿には含まれていないので<u>グルコース</u>である。

グルコースはボーマンのうでこし取られるが好気呼吸の材料として必要な成分なので腎細管（細尿管）をとりまく毛細血管で再吸収され血液中に戻される。

ウ：C は血しょうと尿における濃度がほとんど変わらないので<u>ナトリウムイオン</u>である。

ナトリウムイオンは体液中に保持したいので，ナトリウムイオンも水も再吸収率が高く，血しょうと尿における濃度はほとんど変わらない。たとえば血しょう100mL中にナトリウムイオンが100mg溶けている場合を考えてみると血しょう中のナトリウムイオンの濃度は100mg/100mL＝1mg/1mL。次にナトリウムイオンが99％再吸収されると体外に排出されるナトリウムイオンは1％なので1mgになる。水も99％が再吸収されると，尿として体外に排出される水は1mLとなるので尿中のナトリウムイオンの濃度は1mg/1mLとなるので血しょうの時の濃度と（ほぼ）同じになる。

エ：原尿と尿における尿素の割合から，原尿中の水はほとんど<u>再吸収される</u>。

上記ウから原尿中の水も，その99％は有効活用するため再吸収される。

解答 2

4 ヒトの器官に関する記述として最も妥当なのはどれか。

1　脳は小脳，中脳，大脳などにより構成されている。小脳には呼吸運動や眼球運動の中枢，中脳には言語中枢，大脳には睡眠や体温の調節機能がある。

2．耳は聴覚の感覚器であるとともに，平衡覚の感覚器でもある。平衡覚に関する器官は内耳にあり，前庭はからだの傾きを，半規管は回転運動の方向と速さを感じる。

3．心臓と肺との血液の循環は肺循環と呼ばれる。これは全身から戻ってきた血液が，心臓の左心房から肺静脈を通して肺に送られ，その後，肺動脈を通して心臓の右心室に送られるものである。

4．小腸は，胃で消化できない脂肪をグリセリンに分解する消化酵素を分泌している。このグリセリンは，大腸の柔毛の毛細血管より血液に吸収される。

5．腎臓は，タンパク質の分解の過程で生じた血液中のアンモニアを，尿素に変える働きがある。この尿素は，胆のうを通して体外に排出される。

（国家一般職［大卒］・24年度）

解説 1．呼吸運動は小脳ではなく延髄，眼球運動は小脳ではなく中脳，言語中枢は中脳ではなく大脳，睡眠や体温の中枢は大脳ではなく間脳なので誤り。

2．正しい。ヒトの耳は音を集める働きの耳殻・外耳道・音波によって振動する鼓膜からなる外耳，鼓膜の振動を増幅させる耳小骨・圧力を一定に保つ耳管（エウスタキオ管）からなる中耳，前庭・半規管・うずまき管からなる内耳の３つに分けられる。

3．全身から戻ってきた血液は，心臓の右心房→右心室→（肺動脈）→肺→（肺静脈）→左心房→左心室の順に循環している。心臓の左心房から肺静脈を通って肺に送られるは誤り。

4．脂肪はすい液に含まれるリパーゼという消化酵素によって脂肪酸とモノグリセリドに分解させるので脂肪をグリセリンに分解するは誤り。小腸では，脂肪酸とモノグリセリドが吸収され柔毛内（柔毛があるのは大腸ではなく小腸なので誤り）で再び結合して脂肪粒になり毛細血管ではなくリンパ管に入るので誤り。

5．タンパク質の分解によって生じた有毒なアンモニアを毒性の弱い尿素につくり変えるのは腎臓ではなく肝臓なので誤り。血液中の尿素をろ過，濃縮して尿として体外に排出する排出器は胆のうではなく腎臓であるので誤り。

解答 2

第**8**位

過去問にチャレンジ　応用レベル

5 **五大栄養素に関する次の記述のうち，妥当なものはどれか。**

1. タンパク質は成分元素として炭素，水素，酸素のほかに窒素と
   リンを含み，その構造は多数のアミノ酸がエステル結合によって
   結ばれた形になっている。

2. 炭水化物の成分元素は炭素，水素，酸素であり，水素と酸素は
   水と同じ割合で結合しており，ブドウ糖などの単糖類，果糖など
   の二糖類，デンプンなどの多糖類に分類される。

3. 脂質は単純脂質（脂肪）と複合脂質に分類されるが，複合脂質
   の中には，生体膜の成分として重要なリン脂質，ビタミンやホル
   モンとして働くステロイド，光合成の補助色素として働くカロテ
   ノイドなどがある。

4. 無機塩類の中でカリウムやカルシウムは動物の体液の浸透圧の
   調節，神経細胞の活動電位の発生において重要な役割を担っている。

5. ビタミンの多くは動物の体内では作ることができないので，欠
   乏するといろいろな病気（欠乏症）を発症する。たとえば，ビタ
   ミンCの欠乏は悪性貧血を，ビタミンDの欠乏はくる病を発症す
   る。

（大卒警察官・19年度）

解説 1．タンパク質は成分元素として炭素，水素，酸素のほかに窒素，硫黄を含む。リンを含んでいるものがあるのは脂肪であるので誤り。多数のアミノ酸が結合しているのはエステル結合ではなくペプチド結合であるので誤り。エステル結合は酸とアルコールから水が失われるときの結合である。

2．炭水化物の成分元素が炭素，水素，酸素であるのは正しいが，果糖（フルクトース）は二糖類ではなく単糖類なので誤り。二糖類にはショ糖（スクロース）や麦芽糖（マルトース）や乳糖（ラクトース）がある。

3．正しい。単純脂質は固形状の脂肪と液体状の油の総称のことでバター，ラード，オリーブ油などがある。複合脂質には生体膜の成分のリン脂質，コレステロール，性ホルモン，副腎皮質ホルモンなどのステロイド，黄色や赤色の色素であるカロテンなどのカロテノイドがある。

4．動物の体液の浸透圧の調節や神経細胞の活動電位において重要な役割を担っているのはカリウムとカルシウムではなく，カリウムとナトリウムであるので誤り。

5．ビタミンCの欠乏症は悪性貧血ではなく壊血病（出血性の障害が体内の各器官で生じる病気）である。悪性貧血はビタミンB_{12}の欠乏症なので誤り。ビタミンDの欠乏症で骨・歯の発育不良を起こす病気のくる病は正しい。

解答 3

第**8**位

> **6** タンパク質とアミノ酸に関する次の記述のうち，妥当なものはどれか。
>
> 1．タンパク質分子を構成する元素はC，H，O，N，Pの5種類である。
> 2．タンパク質は各種アミノ酸がエステル結合により多数結合したものである。
> 3．酵素はタンパク質を本体とし，細胞内の物質交代において触媒として働いている。
> 4．タンパク質は脂肪と違って呼吸基質にはならない。
> 5．生物の体内では合成できない10種類のアミノ酸を必須アミノ酸と呼ぶ。
>
> （地方上級・15年度）

解説 1．タンパク質を構成する元素は，C，H，O，N，P，Sの6種類であるから誤り。

2．タンパク質は，約20種類のアミノ酸が多数ペプチド結合してできている。酸とアルコールから水が取り除かれる（脱水）結合がエステル結合とは違うので誤り。

3．正しい。酵素は，自分自身は変化せず少量で多量の物質を分解する触媒作用を持ったタンパク質を主成分にした物質である。生体触媒ともいう。

4．炭水化物や脂肪・タンパク質などを原料（呼吸基質）として呼吸は行われる。ブドウ糖が最もよく使われるがタンパク質もアミノ酸に分解され，さらに有機酸に変わって呼吸基質になるので誤り。

5．生物の中でも植物は自ら必要なアミノ酸はすべて合成できるので誤り。動物の場合は，アミノ酸のうち体内で合成できないため，食物として取り込む必要のあるものを必須アミノ酸といい，ヒトの場合8種類（幼児は10種類）ある。

解答 3

生殖・遺伝

・・・・・・・・・・・・・・・・・・・・・・・・・・・・・・・・・・・

出題科目：生物

メンデルの法則をはじめ，いろいろな様式
の遺伝の問題は比較的よくでている。基本
事項をしっかり押さえさえすれば簡単に得
点できる分野である。

よく出る度（上級）	★★★★
よく出る度（初級）	★★★★
カンタン度	★★★

第9位 生殖・遺伝

ココがポイント！

優性生殖や無性生殖の「生殖法」，「メンデルの法則」「遺伝子の働き合い」などの出題が目立っている。1つ1つの言葉の意味や例などを正確に覚えておけば簡単に得点できるので出題されたときには必ず取れる得点源にしてほしい。

 これは覚えよう！

【生殖法】

○配偶子（動物では精子や卵子のこと）によらない無性生殖に単細胞生物のように親の体がほぼ均等に2つに分かれる殖え方を「分裂」といいアメーバ，ミカヅキモなどが代表的な生物である。親の体の一部に生じた芽のようなものから子ができる殖え方を「出芽」といい，ヒドラ，酵母菌が代表的な生物である。胞子が単独で発芽・成長して子になる殖え方を「胞子生殖」といい，アオカビ，シダなどが代表的な生物である。根・茎・葉のような栄養器官の一部から新しい個体が作られる生殖法を「栄養生殖」という。たとえば，根の場合はサツマイモ，ダリアなどがあり，茎の場合はジャガイモ，イチゴなどがあり，むかご（側芽が多肉化したもの）の場合はオニユリ，ヤマノイモなどが代表例である。

○配偶子による生殖は有性生殖という。有性生殖では，遺伝子の組合せは変化し（無性生殖では遺伝子の組合せは変化しない）新しい組合せによって新しい形質が出現し，環境に対する適応では環境変化に対応できる新形質が生じやすいので有利（無性生殖では対応しにくく不利）である。

【遺伝】

○色や形のように，それぞれの個体に現れる形や性質のことを形質という。また，子の顔つきや体の特徴が親に似るように，いろいろな形質が親から

子へと受け継がれていくことを遺伝という。

○優性形質を表す**優性遺伝子**をAなど大文字，劣性形質を表す**劣性遺伝子**を aなど小文字で表す。AAやaaのように同じ遺伝子が組み合わさっている ものを**純系**または**同型（ホモ）型接合体**といい，Aaのように異なる遺伝 子が組み合わさっているものを**雑種**または**異型（ヘテロ）型接合体**という。 このようにアルファベットで示したものを**遺伝子型**といい，遺伝子の組み 合わせによって実際に生じる形質のことを**表現型**という。

○メンデルが発見した遺伝の法則（メンデルの法則）では「丸い形の種子」（純 系）をつくるエンドウと「しわのある種子」（純系）をつくるエンドウ交 雑させるとすべて「丸い形の種子」（雑種）になるように子に現れる形質 を**優性形質**といい，逆に子には現れない形質を**劣性形質**という。このよう に優性形質を持つ親と劣性形質を持つ親をかけ合わせると，子にはすべて 優性の形質だけが現れることを「**優性の法則**」という。親がAAとaaのと き，子は両親からそれぞれ1つずつ遺伝子を受け継ぐため必ずAaになる。

○メンデルの法則ではエンドウで「丸い形の種子」（純系）と「しわのある 種子」（純系）を交雑させるとすべて「丸い形の種子」（雑種）ができ，そ れを育てたエンドウを自家受粉させてできた種子は「丸い形の種子」と「し わのある種子」が3：1の割合で現れる。

○生殖細胞をつくるとき，体細胞で対になっていた対立遺伝子が互いに分離 して別々の配偶子に入ることを「**分離の法則**」という。

○2つ以上の対立形質（色と形の場合）があるとき，「色を表す形質の遺伝子」 と「形を表す形質の遺伝子」は無関係に配偶子に入る。これを「**独立の法 則**」という。

○ヒトのABO式血液型のように血液型という1つの形質に対してA，B，O の3つの種類がある。この場合AとBはOに対して優性でありA＝B＞O の関係がある。AとBの間には優劣関係はなく「**不完全優性**」といえる。 このように，1つの形質に対して3つ以上の遺伝子が対立関係にある遺伝 子を「**複対立遺伝子**」という。

過去問にチャレンジ 基本レベル

> **1** **生殖**に関する記述として，**妥当なのはどれか。**
>
> 1．無性生殖は，雌雄の性に関係なく増殖し，新たに生じる個体は親と遺伝的に同一な集団であるクローンとなる。
> 2．無性生殖には，ヒドラに見られる芽が出るように新たな個体が生じる単相や，根の栄養器官から新たな個体が生じる複相がある。
> 3．配偶子の合体によって新たな個体が生じる生殖を有性生殖といい，配偶子が合体して生じた細胞をヒストンという。
> 4．染色体上に占める遺伝子の位置を対合といい，ある対合について，1つの形質に関する複数の異なる遺伝子を遺伝子座という。
> 5．1対の相同染色体の遺伝子について，同じ状態になっているものをヘテロ接合体といい，異なる状態になっているものをホモ接合体という。
>
> （特別区Ⅰ類・30年度）

解説 1．正しい。無性生殖は精子や卵子などの配偶子にはよらない生殖法で，親と同じ遺伝子を持つ。無性生殖は原則としてクローンをつくっていることになる。

2．本肢の「単相」は「出芽」，「複相」は「栄養生殖」が正しい。相同染色体（父と母から受け継いだ形も大きさも同じ染色体）の片方ずつしか持たない精子や卵子などの場合が単相で，相同染色体が対になっている体細胞の場合が複相である。

3．有性生殖で合体する細胞は接合子（受精卵）でありヒストンとは関係ないので誤り。ヒストンとはDNA分子が絡まないように巻きついているタンパク質のことなので誤り。

4．染色体上に占める遺伝子の位置は遺伝子座なので誤り。染色体上の遺伝子の位置（遺伝子座）を記載したものを遺伝子地図という。対合とは，減数分裂の際，父方と母方由来の相同染色体が付着することなので誤り。

5．ヘテロ型接合体とは雑種のことで遺伝子記号（A，a）では，異型のAaがヘテロ型，同型のAAやaaがホモ型接合体なので誤り。

解答 1

2 次の文は，遺伝の法則に関する記述であるが，文中の空所A〜D
に該当する語又は語句の組合せとして，妥当なのはどれか。

エンドウの種子の形が丸形としわ形の純系の親を交雑して得た雑
種第一代では，丸形だけが現れる。このように，雑種第一代におい
て両親のいずれか一方の形質だけが現れることを ___A___ といい，
雑種第一代で現れる形質を ___B___ 形質，現われない形質を
___C___ 形質という。

この雑種第一代どうしを自家受精して得られた雑種第二代では，
丸形としわ形が ___D___ の比で現れる。

	A	B	C	D
1.	分離の法則	優性	劣性	2：1
2.	分離の法則	独立	分離	2：1
3.	優性の法則	優性	劣性	2：1
4.	優性の法則	独立	分離	3：1
5.	優性の法則	優性	劣性	3：1

(特別区Ⅰ類・21年度)

解説 空欄Aにて，雑種第一代において両親のいずれか一方の形質だけ
が現れることを「優性の法則」といい，雑種第一代に現れる形質を「優性形
質」という（現れない方の形質が「劣性形質」）ので3，5のいずれかである。
雑種第一代を自家受精して得られる雑種第二代では，優性：劣性＝3：1
（これをメンデル比という）になるので5が正解である。メンデル比の3：
1になる理由を示すと下の表のようになる。

例 丸形（ＡＡ）としわ形（aa）の雑種第一代はＡaなのでこれを自家受精すると

	A	a
A	AA	Aa
a	Aa	aa

優性形質（ＡＡとＡa）：劣性形質（aa）＝3：1になる。

解答 5

第**9**位

3 ヒトのＡＢＯ式血液型の遺伝子に関する次の記述のうち，妥当なものはどれか。

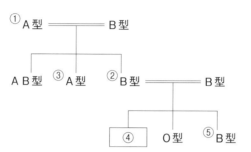

1．①の遺伝子型がＡＯである確率は100％である。
2．②の遺伝子型がＢＢである確率は50％である。
3．③の遺伝子型がＡＡである確率は25％である。
4．④の表現型はＡＢである。
5．⑤の遺伝子型がＢＯである確率は75％である

(市役所・17年度)

解説 ヒトの血液型は，血液型という１つの形質に対してＡ・Ｂ・Ｏの３つの遺伝子が対立関係にある遺伝子で「複対立遺伝子」という。この３つの遺伝子には，Ａ＝Ｂ＞Ｏのような優劣の関係がある。考えるときには，Ａ型という表現型にはＡＡとＡＯ，Ｂ型という表現型にはＢＢとＢＯのそれぞれ２つずつの遺伝子型があることに注意して考える。

②のＢ型は，ＢＢとＢＯのうちＯ型の子供が生まれていることから②はＢＯであることがわかる。②がＢＯであることからＯ遺伝子はＡ型から受け継いだことになり①のＡ型はＡＯであるとわかる。

③のＡ型の両親が①のＡＯとＢＢ，①のＡＯとＢＯの２通りがあるように思えるが実際は①のＡＯとＢＢの組合せからはＡ型は生まれないので，①のＡＯの相手はＢＯとなる。

また，②のＢ型の結婚相手のＢ型は，Ｏ型が生まれていることからＢＯだ

とわかる。これらを遺伝子型で表してみると図1のようになる。

1．正しい。

2．②の遺伝子型はBOである。

3．③の遺伝子型はAOである。

4．④にAB型はあり得ない。

5．⑤がBOである確率は75％ではない。（図2参照）

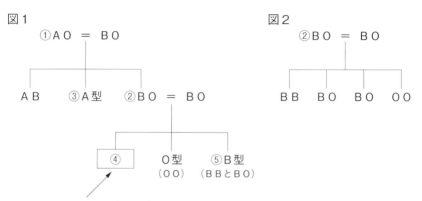

図1

　　　①AO　＝　BO

　　AB　　③A型　　②BO　＝　BO

　　　　　　　④　　　O型　　⑤B型
　　　　　　　　　　（OO）　（BBとBO）

BOとBOからはB型とO型しか生まれ
ないので選択肢④のAB型はあり得ない

図2

　　　②BO　＝　BO

　BB　　BO　　BO　　OO

解答 1

> **4** マルバアサガオの花の色の遺伝では，純系の赤色と白色とを親
> （P）として交雑すると，雑種第一代（F₁）はすべて桃色となる。F₁ど
> うしを交雑した場合，雑種第二代（F₂）で桃色が現れる確率は何％か。
> 1．30％
> 2．35％
> 3．40％
> 4．45％
> 5．50％
>
> （大卒警察官・19年度）

解説 純系の赤色を R R，白色を r r とおくと親 P →雑種第一代（F₁）→雑
種第二代（F₂）は下図のようになる。

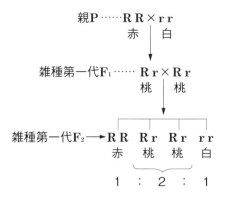

$$
親 P \cdots\cdots R R \times r r
$$
$$
赤 \quad 白
$$

$$
雑種第一代 F_1 \cdots\cdots R r \times R r
$$
$$
桃 \quad 桃
$$

$$
雑種第一代 F_2 \rightarrow R R \quad R r \quad R r \quad r r
$$
$$
赤 \quad 桃 \quad 桃 \quad 白
$$
$$
1 : 2 : 1
$$

赤色と白色の優劣関係が不完全なために，形質発現に対して優性と劣性が
同等の働きをして中間雑種である桃色をつくってしまう遺伝で「不完全優
性」という。

雑種第二代（F₂）で桃色が現れる確率は，$1＋2＋1＝4$ 分の 2 つまり **50％** で
ある。

$$
\frac{2}{1+2+1} \times 100 = 50\%
$$

解答 5

5 毛色が黄色のハッカネズミどうしを交配した。このハッカネズミの遺伝子Yは毛色を黄色にする優性遺伝子で，同時に劣性の致死遺伝子でもある。また，Yの対立遺伝子である遺伝子yは毛色を黒色にする劣性遺伝子である。このとき，生まれる子ネズミの毛色ごとの個体数の比率として最も妥当なのはどれか。

　　黄色：黒色
1.　1　：　1
2.　1　：　2
3.　2　：　1
4.　3　：　1
5.　3　：　2

（国家一般職［大卒］・21年度）

解説 この問題で注意するのは「毛色を黄色にする優性遺伝子で同時に劣性の致死遺伝子でもある」という部分である。このフレーズで「致死遺伝子」の問題とわかればOKである。

Y（黄色遺伝子）がホモになると発育初期に死んでしまう。

よって，生まれる子ネズミの毛色ごとの個体数の比率は2：1になる。

解答 3

6 スイートピーの花の色には2種類の対立遺伝子Aとa，Bとbが関係しており，これらが独立の法則に従って遺伝する。Aはaに対して優性であり，Bはbに対して優性であるとすると，AとBの両方の優性遺伝子を持つ個体だけが有色の花をつけ，それ以外は白色の花をつける。

遺伝子型がAAbbの白色の花と，aaBBの白色の花とを交配したところ，雑種第一代（F_1）の花の色はすべて有色であった。このときF_1を自家受精させた雑種第二代（F_2）の花の色について，有色：白色の比として，最も妥当なのはどれか。

1. 　3　：　1
2. 　3　：　13
3. 　7　：　9
4. 　9　：　7
5. 　13　：　3

（東京消防庁・28年度）

解説 スイトピーの花の色の場合，色素原をつくる遺伝子が**C**（**c**は色素原をつくらない遺伝子），色素原を紫色に発色させる遺伝子が**P**（**p**は発色作用のない遺伝子）がある。この2つの**C**と**P**の一方でも欠くとスイトピーの花の色は白色になる。紫色になるには**C**と**P**両方が必要である。これから，つぎのようになる。

  C ⟶ 色素原をつくるための遺伝子
  P ⟶ 色素原を紫色に発色させるための遺伝子

この2つの遺伝子が共存していると花は紫色になるが，一方でも欠けると花は白色になる。

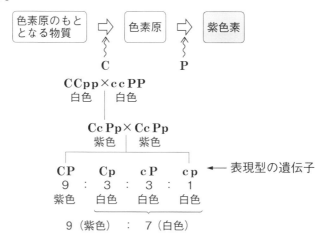

この補足遺伝子の考え方をベースに同様にして解くと

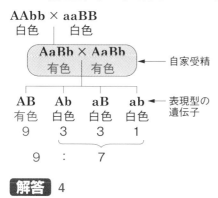

<table>
<tr><td colspan="5">なぜ9：3：3：1の分離比になるか疑問の人は下表を参照</td></tr>
<tr><td>♂＼♀</td><td>AB</td><td>Ab</td><td>aB</td><td>ab</td></tr>
<tr><td>AB</td><td>AABB</td><td>AABb</td><td>AaBB</td><td>AaBb</td></tr>
<tr><td>Ab</td><td>AABb</td><td>AAbb</td><td>AaBb</td><td>Aabb</td></tr>
<tr><td>aB</td><td>AaBb</td><td>AaBb</td><td>aaBB</td><td>aaBb</td></tr>
<tr><td>ab</td><td>AaBb</td><td>Aabb</td><td>aaBb</td><td>aabb</td></tr>
</table>

表現型 **AB** **Ab** **aB** **ab**
分離比 9 : 3 : 3 : 1
  有色 9 : 白色 7

解答 4

第10位

式の計算・関数

出題科目：数学

数学の問題であっても，公務員試験では選択肢が与えられているので，数的推理の考えを使って最短にかつ簡単に考えるのがコツである。

よく出る度（上級）	★★★
よく出る度（初級）	★★★
カンタン度	★★★★★

第**10**位 式の計算・関数

ココがポイント！

数学の問題でも選択肢が与えられているので数的推理の考えを使って最短にかつ簡単に考えるのがコツである。一方，中学・高校で習った数学の基本事項は正確に記憶して使えるようにしておかねばならない。

 これは覚えよう！

【1次関数】

○直線方程式（陽関数表示の場合）

$y = ax + b$ で a を傾き（変化の割合），b を切片という。いま2直線が $y = ax + b$ …①と $y = cx + d$ …②であるとき，①と②が平行であれば $a = c$ とし，垂直であれば $a \times c = -1$ とする。

○直線方程式（陰関数表示の場合）

$ax + by + c = 0$ の形を陰関数表示という。いま2直線が $a_1x + b_1y + c_1 = 0$ …①と $a_2x + b_2y + c_2 = 0$ …②であるとき，①と②が平行であれば $a_1b_2 - a_2b_1 = 0$ とし，垂直であれば $a_1a_2 + b_1b_2 = 0$ とする。

○点 $(x_0,\ y_0)$ と直線 $ax + by + c = 0$ の距離 d を求める場合は

$$d = \frac{|ax_0 + by_0 + c|}{\sqrt{a^2 + b^2}}$$ に数値を代入して求める。

【グラフの平行移動】

○X方向に $+p$ だけ平行移動したときは，x の代わりに $x - p$ を用いる。
○Y方向に $+q$ だけ平行移動したときは，y の代わりに $y - q$ を用いる。

【グラフの対称移動】

○元の座標が $(x,\ y)$ とするとき，x 軸に関して対称な座標は $(x,\ -y)$，y 軸に関して対称な座標は $(-x,\ y)$，原点に関して対称な座標は $(-x,\ -y)$，

$y=x$ に関して対称な座標は (y, x)，$x=a$ に関して対称な座標は $(2a-x,$ $y)$，$y=b$ に関して対称な座標は $(x, 2b-y)$，点 (a, b) に関して対称な座標は $(2a-x, 2b-y)$ とする。

【2次方程式・2次関数】

○2次方程式 $ax^2+bx+c=0(a \neq 0)$ の2つの解を $x=a, \beta$ とおくと

$\alpha+\beta=\dfrac{b}{a}$　$\alpha\beta=\dfrac{c}{a}$ で表される。これを解と係数の関係という。

○2次関数 $y=ax^2+bx+c$ と x 軸との位置関係で x 軸と異なる2点で交わる場合は判別式 $D=b^2-4ac>0$ とする。x 軸と接する場合は判別式 $D=b^2-4ac=0$ とする。x 軸と交わらない場合は判別式 $D=b^2-4ac<0$ とする。

○2次関数の最大・最小の問題では，2次関数 $y=ax^2+bx+c$（一般形）を $y=a(x-p)^2+q$ の形（標準形）に変形して考える。その場合 x の変域（定義域）に注意しながら頂点が最大・最小になるかを吟味すること。

○$y=a(x-p)^2+q$ の形（標準形）の場合，頂点座標は (p, q)，軸の方程式は $x=p$ である。

【図形】

○直角三角形では三平方の定理が成り立つ。3辺の長さを a, b, c（斜辺）としたとき　$c^2=a^2+b^2$ が成り立つ。三角形が鋭角三角形の時は $c^2<a^2+b^2$ が成り立ち，鈍角三角形の時は $c^2>a^2+b^2$　また直角三角形とはわかっていない場合 $c^2=a^2+b^2$ が成り立てば三角形は直角三角形となる（三平方の定理の逆）。

○直角三角形の三角比で覚えたほうがよい6パターン

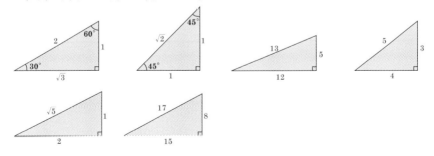

○一辺がaの長さの正三角形の場合　高さ$h = \dfrac{\sqrt{3}}{2}a$　面積$S = \dfrac{\sqrt{3}}{4}a^2$で求まる。

○一辺がaの長さの正四面体の場合　高さ$h = \dfrac{\sqrt{2}}{\sqrt{3}}a$　面積$v = \dfrac{\sqrt{2}}{12}a^3$で求まる。

○３辺の長さがa, b, cで面積がSの三角形の内接円の半径rは

$\quad r = \dfrac{2s}{a+b+c}$で求まる。

---

1 xy 平面において，次の式で表される直線 l，m がある。

$l : ax - y + a + b = 0$

$m : 4x - ay - 1 = 0$

直線 l，m は平行であり，l は第一象限（$x > 0$ かつ $y > 0$ の範囲）を通らない。以上から，a の値と，b の値の取りうる範囲が決まるが，これらの組合せとして，妥当なのはどれか。

1．$a = -4$，$b \leqq 4$

2．$a = -2$，$b \leqq 2$

3．$a = -2$，$b \geqq 2$

4．$a = 2$，$b \leqq -2$

5．$a = 2$，$b \geqq -2$

（市役所Ｂ日程・29年度）

解説　問題の直線方程式が陰関数表示（$ax + by + c = 0$ の形）になっているので陰関数表示の平行条件 $a_1 x + b_1 y + c_1 = 0 \cdots$① と $a_2 x + b_2 y + c_2 = 0$ $\cdots$② であるとき，①と②が平行であれば $a_1 b_2 - a_2 b_1 = 0$ を用いるより，

$a \times (-a) - (-1) \times 4 = 0$

$\qquad a^2 = 4$

$\qquad a = \pm 2$

> 陰関数表示に慣れていない場合は陽関数表示になおして解いてもよい。
>
> 直線 l を変形して　$y = ax + a + b$
>
> 直線 m を変形して　$y = \dfrac{4}{a} x - \dfrac{1}{a}$
>
> 2直線が平行なので傾きが等しいとおいて
>
> $\qquad a = \dfrac{4}{a} \quad a^2 = 4 \quad$ よって　$a = \pm 2$

$a = 2$ のとき，直線 l は必ず第一象限を通ることになるので問題に合わない。よって $a = -2$

$a = -2$ を直線 l に代入すると，$-2x - y - 2 + b = 0$

変形して $y = -2x - 2 + b$

題意より，この直線 l が第一象限を通らないように条件を求めると，切片 $= -2 + b$ が 0 以下であればよいので，

$$-2 + b \leqq 0$$
$$b \leqq 2 \quad \text{である。}$$

よって，$a = -2$，$b \leqq 2$ の組合せが正し

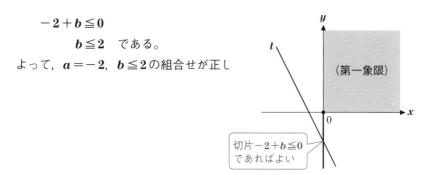

解答 2

2 座標平面上で，双曲線 $y = \dfrac{1}{x}$ の平行移動について考える。たとえば，

$y = \dfrac{x}{x-1}$ は，$\dfrac{x}{x-1} = \dfrac{1}{x-1} + 1$ と変形できるので，$y = \dfrac{1}{x}$ を x 軸方

向に $+1$，y 軸方向に $+1$ だけそれぞれ平行移動したものだとわかる。

では，$y = \dfrac{-4x-7}{x+2}$ は，$y = \dfrac{1}{x}$ を x 軸方向，y 軸方向にそれぞれどれ

だけ平行移動したものか。

	x 軸方向	y 軸方向
1.	-2	$+1$
2.	-2	-4
3.	-2	-7
4.	-4	$+2$
5.	-4	-7

（地方上級・29年度）

解説 与式を平行移動が確認できる形に変形する。分子も分も同次数なので割り算実施して，

$$y = \frac{-4x-7}{x+2} = \frac{-4x-8+1}{x+2} = \frac{-4(x+2)+1}{x+2} = -4 + \frac{1}{x+2}$$

分母の $(x+2)$ で割れるように
分子にも同じ $(x+2)$ をつくる

よって $y+4 = \dfrac{1}{x+2}$ となるので $y = \dfrac{1}{x}$ のグラフを x 方向に -2，

y 方向に -4 だけ平行移動していることがわかる。

解答 2

3 $x^4 + 4$ を因数分解したものとして，最も妥当なのはどれか。

1. $(x^2 + x + 2)(x^2 - x + 2)$

2. $(x^2 + 2x + 2)(x^2 - 2x + 2)$

3. $(x^2 + 2)^2$

4. $(x^2 + 2)(x^2 - 2)$

5. $(x + 1)(x - 1)(x^2 - 4)$

（東京消防庁・28年度）

解説　複2次式の因数分解問題である。

「複2次式の因数分解は $A^2 - B^2$ の形を作れ」が鉄則であるので変形して $A^2 - B^2$ つまり2乗の差の形にすると

$$x^4 + 4 = x^4 + 4x^2 + 4 - 4x^2$$

$A^2 - B^2$の形になった

$$= (x^2 + 2)^2 - (2x)^2$$
$$= \{(x^2 + 2) + 2x\}\{(x^2 + 2) - 2x\}$$
$$= (x^2 + 2x + 2)(x^2 - 2x + 2)$$

解答　2

4 3点 $(0, -2)$, $(1, -1)$, $(2, 2)$ を通る2次関数のグラフを描き，これを x 軸方向に -1，y 軸方向に $+3$ だけ平行移動した。このときの2次関数はどれか。

1. $y = x^2 + x + 1$
2. $y = x^2 + x + 2$
3. $y = x^2 + 2x + 1$
4. $y = x^2 + 2x + 2$
5. $y = x^2 + 3x + 1$

（国家一般職［高卒］・23年度）

解説 まず，3点 $(0, -2)$ $(1, -1)$ $(2, 2)$ を通る2次関数を決定する。
2次関数の式を $y = ax^2 + bx + c$ とおいて3点を代入すると

$-2 = c$・・・・・①
$-1 = a + b + c$・・・・・②
$2 = 4a + 2b + c$・・・・・③

①を②に代入して

$-1 = a + b - 2$　　$a + b = 1$・・・・・②´

①を③に代入して

$2 = 4a + 2b - 2$　　$4a + 2b = 4$　　$2a + b = 2$・・・・・③´

②´と③´を連立して

$a = 1$　$b = 0$

よって，3点を通る元の2次関数は $y = x^2 - 2$ である。
これを x 軸方向に -1，y 軸方向に 3 だけ平行移動するには
$x \to x+1$，$y \to y-3$ を代入すればよい（計算問題の基本事項「2次関数の平行移動」を参照）。

$$y = x^2 - 2 \to y - 3 = (x+1)^2 - 2 = x^2 + 2x - 1$$
$$y = x^2 + 2x + 2$$

別解 数的推理の解法

解法が思いつかなかったり，平行移動のやり方を忘れた場合には数的推理の主要な解法である「あてはめ法」を用いる。

第10位

151

まず，x軸方向に-1，y軸方向に3だけ平行移動するので

移動前（0，-2）→移動後（$0-1$，$-2+3$）＝（-1，1）である。

移動後の正しい2次関数の式（肢1〜5）なら代入して成り立つはずである。

肢1　$1＝1-1+1$　OK

肢2　$1＝1-1+2$　NG

肢3　$1＝1-2+1$　NG

肢4　$1＝1-2+2$　OK

肢5　$1＝1-3+1$　NG

これで，正解は選択肢1か4になる。

次に，移動前（1，-1）→移動後（0，2）になるので，選択肢1，4に代入して調べると

肢1　$2＝1$　でNG

肢4　$2＝2$　でOK

解答 4

過去問にチャレンジ 基本レベル

5 実数aの絶対値について，$a \geqq 0$のとき$|a| = a$，$a < 0$のとき$|a| = -a$となる。

　このとき，$y = x^2 - 2|x|$を示すグラフとして妥当なものはどれか。

1
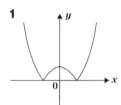

2
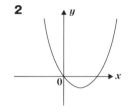

3
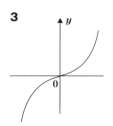

4
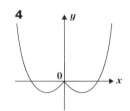

5
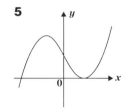

　実数aの絶対値について，$a \geqq 0$のとき$|a| = a$，$a < 0$のとき$|a|$
$= -a$となる。

　このとき，$y = x^2 - 2|x|$を示すグラフとして妥当なものはどれか。

（市役所C日程・29年度）

解説 絶対値記号を場合分けして外すと，

$$y = x^2 - 2|x| = \begin{cases} （ i ）x \geqq 0 \text{のとき} \quad |x| = x \text{なので}\cdots \quad y = x^2 - 2x \\ （ ii ）x < 0 \text{のとき} \quad |x| = -x \text{なので}\cdots \quad y = x^2 + 2x \end{cases}$$

（ i ）のとき
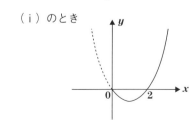

（ ii ）のとき
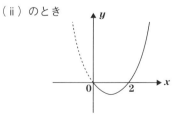

これをまとめてグラフに表すと次のようになる

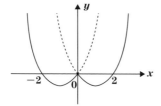

解答 4

> **6** 実数 x, y が $y = x - 4$ を満たしているとき, x と y の積の最小
> 値は次のうちどれか。
>
> 1. -4
>
> 2. -2
>
> 3. 0
>
> 4. 2
>
> 5. 4
>
> (地方上級・25年度)

解説 数学が苦手な受験生の中には, 問題を見てどのように解けばいいの
だろうと考え, 題意の x と y の積の形までは作るがその後の流れが見えてこ
ないという人もいるだろう。

数学が得意な受験生はどのように見ているかというと, 実数の2変数 x,
y の積なので, 2次であり, その最小値を問うているので二次関数の頂点で
求まるはずと考える。そこで1変数の二次関数として扱うために $y = x - 4$
を使って y を消去して解き始める。

その流れは次の通り。

$$xy = x(x - 4) = x^2 - 4x$$
$$= x^2 - 4x + \left(\frac{-4}{2}\right)^2 - \left(\frac{-4}{2}\right)^2 \quad \cdots x\text{の1次の係数の半分}$$
$$\phantom{= x^2 - 4x + \left(\frac{-4}{2}\right)^2 - \left(\frac{-4}{2}\right)^2 \quad \cdots}\text{の2乗を加えて引く}$$
$$= (x^2 - 4x + 4) - 4$$
$$= (x - 2)^2 - 4$$

よって, x, y の積 xy の最小値は $x = 2$ のとき, -4 となる。

解答 1

7 半径1の円に内接する正三角形の面積の値として，最も妥当なのはどれか。

1. $\dfrac{3\sqrt{3}}{4}$

2. $\dfrac{3\sqrt{3}}{2}$

3. $\sqrt{3}$

4. $2\sqrt{3}$

5. $3\sqrt{3}$

（東京消防庁・28年度）

解説 問題を図示して考えると次のようになる。

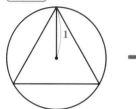

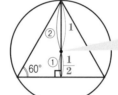

正三角形の外接円の中心は重心でもあるので頂点のほうから2：1に内分される

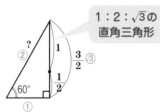

1：2：$\sqrt{3}$の直角三角形

③：$\dfrac{3}{2}$＝②：？より正三角形の一辺の

？の部分の長さを求めると

$$? = \dfrac{3}{2} \times \dfrac{②}{③} = \sqrt{3}\ \text{になる}$$

$$\left(\begin{array}{l} \text{上記の割合で求めるのが苦手な人は} \\ \sqrt{3} : \dfrac{3}{2} = 2 : ?\ \text{より} \\ \sqrt{3} \times ? = \dfrac{3}{2} \times 2 = 3 \\ \quad ? = \sqrt{3}\ \text{としてもよい} \end{array} \right)$$

あとは正三角形の速解きテクニックを用いて求める面積は

$$\dfrac{\sqrt{3}}{4} \times (\sqrt{3})^2 = \dfrac{3\sqrt{3}}{4}$$

速解きテクニック

一辺 a の正三角形の

高さ $h = \dfrac{\sqrt{3}}{2}a$

面積 $S = \dfrac{\sqrt{3}}{4}a^2$

解答 1

執筆者

永野　龍彦（ながの　たつひこ）
青山学院大学理工学部卒。
日本で二番目に古い予備校として名高い学校法人・熊本壺溪塾（こけいじゅく）学園において専任講師として教鞭をとる。公務員試験・教員採用試験の両分野で自然科学全般を手がける。算数・数学では，あっと驚くスピード解法を披露し，理科では身近な自然現象から興味を引き出すワザで受講生の心をつかむ。苦手な人の多い理数系科目にもかかわらず，受験時には得点源になっている教え子続出という人気講師。
著書：『公務員試験　スピード解説　数的推理』『公務員試験　スピード解説　図形・空間把握』『教員採用試験　永野のパーフェクト補習　算数・数学』『教員採用試験　永野のパーフェクト補習　理科』（いずれも実務教育出版）

DTP組版：㈱森の印刷屋　　　表紙デザイン：斉藤よしのぶ

●本書の内容に関するお問合せについて

本書の内容に誤りと思われるところがありましたら，まずは小社ブックスサイト（jitsumu.hondana.jp）中の本書ページ内にある正誤表・訂正表をご確認ください。正誤表・訂正表がない場合や，正誤表・訂正表に該当箇所が掲載されていない場合は，書名，発行年月日，お客様のお名前・連絡先，該当箇所のページ番号と具体的な誤りの内容・理由等をご記入のうえ，郵便，FAX，メールにてお問合せください。

〒163-8671　東京都新宿区新宿1-1-12　実務教育出版　第2編集部問合せ窓口
FAX：03-5369-2237　　　E-mail：jitsumu_2hen@jitsumu.co.jp

【ご注意】
※電話でのお問合せは，一切受け付けておりません。
※内容の正誤以外のお問合せ（詳しい解説・受験指導のご要望等）には対応できません。

公務員試験 速攻の自然科学

2021年 3月 1日　初版第1刷発行　　　　　　　　　　〈検印省略〉
2024年 2月 5日　初版第2刷発行
編　者——資格試験研究会
発行者——淺井　亨
発行所——株式会社実務教育出版
　　　　　〒163-8671　東京都新宿区新宿1-1-12
　　　　　☎編集03-3355-1812　販売03-3355-1951
　　　　　振替　00160-0-78270
印　刷——シナノ印刷
製　本——東京美術紙工

[公務員受験BOOKS]

実務教育出版では、公務員試験の基礎固めから実戦演習にまで役に立つさまざまな入門書や問題集をご用意しています。
過去問を徹底分析して出題ポイントをピックアップするとともに、すばやく正確に解くためのテクニックを伝授します。あなたの学習計画に適した書籍を、ぜひご活用ください。
なお、各書籍の詳細については、弊社のブックスサイトをご覧ください。

https://www.jitsumu.co.jp

人気試験の入門書

何から始めたらよいのかわからない人でも、どんな試験が行われるのか、どんな問題が出るのか、どんな学習が有効なのかが1冊でわかる入門ガイドです。「過去問模試」は実際に出題された過去問でつくられているので、時間を計って解けば公務員試験をリアルに体験できます。

★「公務員試験早わかりブック」シリーズ ［年度版］*●資格試験研究会編

地方上級試験 早わかりブック

市役所試験 早わかりブック

警察官試験 早わかりブック

消防官試験 早わかりブック

社会人 が受けられる **公務員試験** 早わかりブック

高校卒 で受けられる **公務員試験** 早わかりブック
［国家一般職(高卒)・地方初級・市役所初級等］

公務員試験で出る **SPI・SCOA** 早わかり問題集
※本書のみ非年度版 ●定価1430円

過去問正文化問題集

問題にダイレクトに書き込みを加え、誤りの部分を赤字で直して正しい文にする「正文化」という勉強法をサポートする問題集です。完全な見開き展開で書き込みスペースも豊富なので、学習の能率アップが図れます。さらに赤字が消えるセルシートを使えば、問題演習もバッチリ!

★上・中級公務員試験「過去問ダイレクトナビ」シリーズ

過去問ダイレクトナビ **政治・経済**
資格試験研究会編●定価1430円

過去問ダイレクトナビ **日本史**
資格試験研究会編●定価1430円

過去問ダイレクトナビ **世界史**
資格試験研究会編●定価1430円

過去問ダイレクトナビ **地理**
資格試験研究会編●定価1430円

過去問ダイレクトナビ **物理・化学**
資格試験研究会編●定価1430円

過去問ダイレクトナビ **生物・地学**
資格試験研究会編●定価1430円

一般知能分野を学ぶ

一般知能分野の問題は一見複雑に見えますが、実際にはいくつかの出題パターンがあり、それに対する解法パターンが存在しています。基礎から学べるテキスト、解説が詳しい初学者向けの問題集、実戦的なテクニック集などで、さまざまな問題に取り組んでみましょう。

標準 判断推理 ［改訂版］
田辺 勉著●定価2310円

標準 数的推理 ［改訂版］
田辺 勉著●定価2200円

判断推理がわかる!新・解法の玉手箱
資格試験研究会編●定価1760円

数的推理がわかる!新・解法の玉手箱
資格試験研究会編●定価1760円

判断推理 必殺の解法パターン ［改訂第2版］
鈴木清士著●定価1320円

数的推理 光速の解法テクニック ［改訂版］
鈴木清士著●定価1175円

文章理解 すぐ解ける〈直感ルール〉ブック
［改訂版］ 瀧口雅仁著●定価1980円

公務員試験 **無敵の文章理解メソッド**
鈴木鋭智著●定価1540円

年度版の書籍については、当社ホームページで価格をご確認ください。https://www.jitsumu.co.jp/

地方上級／国家総合職・一般職・専門職試験に対応した過去問演習書の決定版が、さらにパワーアップ！　最新の出題傾向に沿った問題を多数収録し、選択肢の一つひとつまで検証して正誤のポイントを解説。強化したい科目に合わせて徹底的に演習できる問題集シリーズです。

★公務員試験「新スーパー過去問ゼミ7」シリーズ

◎教養分野
資格試験研究会編●定価1980円

新スーパー過去問ゼミ7 **社会科学**［政治／経済／社会］	新スーパー過去問ゼミ7 **人文科学**［日本史／世界史／地理／思想／文学・芸術］
新スーパー過去問ゼミ7 **自然科学**［物理／化学／生物／地学／数学］	新スーパー過去問ゼミ7 **判断推理**
新スーパー過去問ゼミ7 **数的推理**	新スーパー過去問ゼミ7 **文章理解・資料解釈**

◎専門分野
資格試験研究会編●定価2090円

新スーパー過去問ゼミ7 **憲法**	新スーパー過去問ゼミ7 **行政法**
新スーパー過去問ゼミ7 **民法Ⅰ**［総則／物権／担保物権］	新スーパー過去問ゼミ7 **民法Ⅱ**［債権総論・各論／家族法］
新スーパー過去問ゼミ7 **刑法**	新スーパー過去問ゼミ7 **労働法**
新スーパー過去問ゼミ7 **政治学**	新スーパー過去問ゼミ7 **行政学**
新スーパー過去問ゼミ7 **社会学**	新スーパー過去問ゼミ7 **国際関係**
新スーパー過去問ゼミ7 **ミクロ経済学**	新スーパー過去問ゼミ7 **マクロ経済学**
新スーパー過去問ゼミ7 **財政学**	新スーパー過去問ゼミ7 **経営学**
新スーパー過去問ゼミ7 **会計学**［択一式／記述式］	新スーパー過去問ゼミ7 **教育学・心理学**

受験生の定番「新スーパー過去問ゼミ」シリーズの警察官・消防官（消防士）試験版です。大学卒業程度の警察官・消防官試験と問題のレベルが近い市役所（上級）・地方中級試験対策としても役に立ちます。

★大卒程度「警察官・消防官新スーパー過去問ゼミ」シリーズ

資格試験研究会編●定価1650円

警察官・消防官新スーパー過去問ゼミ **社会科学**［改訂第3版］［政治／経済／社会・時事］	警察官・消防官新スーパー過去問ゼミ **人文科学**［改訂第3版］［日本史／世界史／地理／思想／文学・芸術／国語］
警察官・消防官新スーパー過去問ゼミ **自然科学**［改訂第3版］［数学／物理／化学／生物／地学］	警察官・消防官新スーパー過去問ゼミ **判断推理**［改訂第3版］
警察官・消防官新スーパー過去問ゼミ **数的推理**［改訂第3版］	警察官・消防官新スーパー過去問ゼミ **文章理解・資料解釈**［改訂第3版］

一般知識分野の要点整理集のシリーズです。覚えるべき項目は、付録の「暗記用赤シート」で隠すことができるので、効率よく学習できます。「新スーパー過去問ゼミ」シリーズに準拠したテーマ構成になっているので、「スー過去」との相性もバッチリです。

★上・中級公務員試験「新・光速マスター」シリーズ

資格試験研究会編●定価1320円

新・光速マスター **社会科学**［改訂第2版］［政治／経済／社会］	新・光速マスター **人文科学**［改訂第2版］［日本史／世界史／地理／思想／文学・芸術］
新・光速マスター **自然科学**［改訂第2版］［物理／化学／生物／地学／数学］	

過去問演習を通して実戦力を養成

要点整理＋理解度チェック